做孩子的
英雄爸爸

[美]梅格·米克 著　　尹婉虹 译

世界图书出版公司

西安　北京　上海　广州

图书在版编目（CIP）数据

做孩子的英雄爸爸／（美）梅格·米克(Meg Meeker) 著；
尹婉虹译 . -- 西安：世界图书出版西安有限公司，2019.9
ISBN 978-7-5192-5435-3

Ⅰ . ①做… Ⅱ . ①梅… Ⅲ . ①儿童教育－家庭教
育 Ⅳ . ① G782

中国版本图书馆 CIP 数据核字 (2018) 第 303480 号

Hero: Being the Strong Father Your Children Need by Meg Meeker; Dave
Ramsey (Foreword)
Copyright © 2017 by Meg Meeker
This edition arranged with Regnery Publishing through Big Apple Agency,
Inc., Labuan, Malaysia.
Simplified Chinese translation copyright © 2019 by TB Publishing Limited
All Rights Reserved.

书　　名	做孩子的英雄爸爸	
著　　者	[美]梅格·米克	
译　　者	尹婉虹	
策　　划	奇想国童书	
责任编辑	王　冰	
校　　对	李　瑾	
特约编辑	郑宇芳	
装帧设计	范　姣　江秀伟	
出版发行	世界图书出版西安有限公司	
地　　址	西安市锦业路 1 号都市之门 C 座	
邮　　编	710065	
电　　话	029-87214941　029-87233647（市场营销部）	
	029-87234767（总编室）	
网　　址	http://www.wpcxa.com	
邮　　箱	xast@wpcxa.com	
经　　销	全国各地新华书店	
印　　刷	北京天宇万达印刷有限公司	
开　　本	710mm×1000mm　1/16	
印　　张	11.25	
字　　数	190 千	
版　　次	2019 年 9 月第 1 版	
印　　次	2019 年 9 月第 1 次印刷	
版权登记	25-2019-001	
国际书号	ISBN 978-7-5192-5435-3	
定　　价	42.00 元	

谨以此书献给伟大的爸爸们，正是他们，激励我去捍卫那些杰出的榜样。

献给我的丈夫沃尔。

献给我的兄弟迈克和鲍勃·琼斯，以及我的姐夫和妹夫们：丹·怀特、本·麦克卡里斯特和约翰·林弗特。

献给作为爸爸的阿尔登、布兰登、迈克尔、弗雷迪、布拉德、卢克、博、考利和约什，以及即将成为爸爸的 T 和乔纳森。

愿你们一路追随杰出的榜样。

更要献给我遇到的最伟大的男人：我的爸爸沃利和我的公公博。感谢你们赋予后辈的男人们强大的精神力量。

十几年前，我就开始阅读梅格·米克医生关于子女教育的书，她的智慧和洞察力让我惊叹不已。我十分欣赏她对帮助新手父母们表现出来的那份热情——帮助他们顺利地走过抚养孩子健康成长路上的每个关键节点。

此后，我有幸结识她并成为她亲密的朋友。

那时候，我的两个孩子一个不到二十岁，一个二十岁出头。现在，当我坐下来为这本书撰写序言时，他们都已成家立业了，我也升格为"戴夫爷爷"。我得意地看着我的女婿用双手把外孙、外孙女轮番抛到空中，而孩子们则兴奋得不停尖叫。

尽管把孩子抛到空中的行为令人感到紧张刺激，但我真的认为这是爸爸应该跟孩子玩的游戏。我从来没见过妈妈会跟孩子这样玩。这样的活动是为爸爸保留的特殊任务——一项只有他们才能胜任的独特任务。

透过戴夫爷爷的眼睛，我清楚地认识到妈妈和爸爸在一个健康自信的孩子的成长中扮演着不同的角色。妈妈当然不可或缺，爸爸也同样重要，而且这一点我们绝对不应该忽视。

但遗憾的是，很多人都已将此抛之脑后。

梅格医生经常说：这一代的爸爸已经成为所有公众形象的笑柄，尤其是在传媒方面。在电视节目、广告和电影里，我们很少见到被塑造得非常强大且正面的爸爸形象。

我们可以责怪好莱坞，责怪那些糟糕的喜剧或那些误导观众的恶搞剧。但无论始作俑者是谁，我们都必须承认问题是真实存在的。

许多男性在我们的文化中被"定格"了。他们失去了在家庭中的地位，只是作为名义上的爸爸在场，而在精神层面或情感层面完全缺位。

梅格医生是正确的：男人，尤其是爸爸们，绝对需要"品牌重塑"。

当我看着女婿和外孙们在一起玩耍时，我想，确实需要有人提醒年轻的爸爸们：他们的存在不是为了逗乐解闷，他们需要有人教导他们如何成为伟大的爸爸——坚定地、温柔地、慈爱地眷顾着家庭的爸爸；并且更需要有人坚定地告诉他们，他们对于孩子的发展到底有多重要。否则，在孩子们的成长过程中，必然经历爸爸角色缺失的困境。爸爸教会孩子去估测生活中存在的风险，同时也提供了界限分明的安全保障……孩子们和爸爸在一起的快乐与和妈妈在一起的快乐不同。不是更好，只是不同而已。

如果社会文化无法给爸爸们足够的支撑，无人尊重他们，也无人教导他们该如何变得伟大，那我们就是在贻害社会。我们必须帮助爸爸们，让他们承担起自己的使命。

我相信梅格医生拥有这种应对文化危机的解药，她用一种特别的方式来解决这个难题。

不过，我也提醒读者们，读完这本书，你肯定会迫切地把它送给别的爸爸。一旦你身边的朋友升级当了爸爸，这本书肯定会成为你首选的馈赠礼物。不仅仅因为这本书的伟大，更是因为你深信，这个世界的确迫切需要这样的思考。

爸爸们，站起来，坚定地站稳脚跟，成为你们孩子心目中真正的英雄。我衷心地期待拥抱一个所有爸爸都无比强大的世界，因为那个时候他们的孩子的成就将是不可限量的。

Contents

目　录

◎ 第一章　你是英雄

我一直认为我爸爸，而不是我丈夫，是能够摆平所有事的那个人。如果我的世界分崩离析，爸爸就是我可以依靠的那个人，他会挺身而出，重新把一切整合在一起。

◎第二章　其实你很了不起 ————

事实是，爸爸与孩子度过的有意义、有质量的时光，会在孩子的记忆与意念里放大。作为爸爸，你拥有让时间静止的力量。

◎第三章　是引导者，不是教练 ————

如果父母们用这种方式抚养孩子，如果他们无私地、快乐地为彼此、为家庭充当引导者，那么这个世界将会变得更好！

◎ 第四章　你不是你的爸爸

你的童年不可能重来，但你可以掌控自己的未来。你的孩子会帮助你，因为他们想和你保持良好的关系。爸爸们注定要成为孩子的英雄，而你应该从第一天开始就以这个状态为起点。

◎ 第五章　孩子需要你回答的三个问题

一个两岁大的孩子会跺着脚喊你"坏爸爸"；一个七岁的孩子在你想帮助他的时候，会"啪"的一声合上自己的数学书；一个十三岁的孩子可能会露出厌恶的表情，然后躲开你的拥抱。为此你非常沮丧。请记住，永远不要觉得这是针对你的。

◎ 第六章　成为好爸爸的五个技巧 ───────────

对一个男人最严峻的考验，就是看他是否有能力持续致力于一项事业、爱护一个人，是否具有持续付出的能力。

◎ 第七章　出色的爸爸式沟通四要素 ───────────

一句有力的话语，如果讲的时机恰到好处，就能让孩子受益匪浅。恰当的时候，就连你的一个眼神都有可能改变孩子的人生。

◎第八章 向孩子展现勇气是什么

一旦你的孩子明白他们的生命很重要，而且有意义，你就可以用适合他们年龄的方式去挑战他们，让他们变得充满勇气。你可以说"我知道这很难，但是你可以做到"，要教导他们接受挑战，而不是回避；教导他们讲出事实，并坚持事实；教导他们为自己的行为承担责任，包括负面的行为，并在适当的时候接受公正的惩罚，而不是试图逃避……

◎第九章 父爱无可取代

出色的爸爸温暖、平易近人，希望保护自己的孩子免于一切伤害。布莱德利的继父每天晚上都来看他有家不回的儿子，确保他在沃尔玛的停车场上是安全的。

◎**第十章** 英雄的成功三要素：毅力、原谅和参与 ——————————

　　孩子们做的许多事都会伤爸爸的心。无论你是一个出色的爸爸，一个疏远的爸爸，还是一个一年只见孩子几次面的爸爸，都会有许多瞬间让你深信，你的儿子或女儿真的不需要你。我倾听过成千上万孩子的心声，我可以明确地告诉你，你感受到的他们的拒绝，并不是针对你的，那只针对他们自己，以及他们尴尬又不容易表达的感受。

第一章 你是英雄

我一直认为我爸爸，而不是我丈夫，是能够摆平所有事的那个人。如果我的世界分崩离析，爸爸就是我可以依靠的那个人，他会挺身而出，重新把一切整合在一起。

2011 年 3 月 30 日，我最后一次握着爸爸的手。正是这一双手，教会了我掷飞杆；在我还是小女孩的时候，引领我穿过波士顿的街道。这双手曾经因为喂牲口或骑马等户外工作而坚硬得像皮革一样——食指被烟斗熏得有点儿泛黄——但现在它们是如此柔软。

这双手是那么柔软光滑，因为它们的主人经历了四年阿尔茨海默病的折磨。他无须像过去一样使用这双手，但我仍然喜欢握着它们。它们是爸爸——我的爸爸——的双手，这就是它们对我来说弥足珍贵的原因。那天，当我握着爸爸的手时，我做了几个月来一直都在做的事情。我为他大声朗读书架上的书，那时他已经说不出任何一个有意义的词了，我却很想知道他是否还认识我。我想让他说出我的名字，可他已经做不到了。我想让他知道，我的双手握着他的双手。我觉得爸爸应该是知道的，因为当我跟他坐在一起时，他变得更加平静了。有时候听到我的声音，他还会抽泣。

爸爸生命的最后一年对我来说是充满痛苦的，对他来说其实更痛苦。阿尔茨海默病正侵袭着他的大脑，这一点他非常清楚。尽管他头脑依然敏锐，但在失去了实际的认知功能的那几个月里，他还是哭了很多次。我发现他会独自坐在客厅的沙发上落泪。我知道他哭泣的原因，却还是违心地安慰他说：一切都会好起来的，生活只是一场挑战。然而对他来说，一切都不会再好起来了。他正在失去自己，失去他与生活中一切有意义的事情的联结。在某种程度上，我们也正在失去和他的联结。对我们来说，他正在变成一个非常古怪的人——更温和、更孩子气。我的爸爸在他生命的荣耀之时，绝对不可能是孩子气的。他是一个强大的智者。在他安静举止的背后，隐埋着火暴的脾气。他不需要讲太多话，我们就能知道他的想法、他想要做的事情，以及他对我们、对家庭的信念。我们知道，他会为供养家人和保护家庭竭尽全力。可现在，作为一位爸爸，他根本不关心我们了。他清楚地知道这一点，而这简直会要了他的命。

我还记得那个圣诞节，那是在他意识清醒的状态下度过的最后一个圣诞节。11 月，我和他去给我妈妈买礼物。我把礼物包好，放在餐桌上，这样他就能时刻看到它。但他每天都要一遍又一遍地问我："我有没有给你妈妈买圣诞礼物？"我的回答永远是："您当然买了，爸爸。您从不会忘记的。"

为了生活，我爸爸从一个出色的内科医生变成了一个牧场主。照顾好我妈妈、我的两个兄弟、我的姐姐和我，一直是他的首要任务。他非常关心我们，我们也都不想让他失望，这促使我们成为更优秀的人。我们想让他觉得自己很成功，因为他的确很成功——不仅仅在工作上，更重要的是作为一个爸爸他是很成功的。

我爸爸跟他父母关系都不好，这对他来说不是小事。他的妈妈非常刻薄。我爸爸十三岁时，他送报纸攒了一些钱，买下了一匹小马。他把这匹小马养在婶婶的农场里。有一天，他去喂马，却发现马竟然不见了！原来他的妈妈瞒着他偷偷把马卖掉了，因为她认为我爸爸当时太小，并不需要那匹马。不提前打招呼，也不跟他聊聊卖掉小马的原因，他的妈妈就那么直接把马卖了。我爸爸深受打击，甚至在他生命的最后时刻，当我们在养老院的走廊里散步时，他仍然耿耿于怀，还会提起那匹小马。

所以，对他来说，做一个慈爱、体贴的爸爸是需要学习才能胜任的。我觉得其实他也不知道怎么当爸爸，不过他一直在学着当个好爸爸。他天生擅长做这件事，因为他像阅读这本书的所有爸爸一样，具有成为一个伟大爸爸的潜质。这是与生俱来的，他们的血液里流淌着成为好爸爸的 DNA，爸爸们只要去发掘它就可以了。

　　当然，作为一个爸爸，我的爸爸也犯过很多错误，但他的成功掩饰了这些过错。他也会朝我们发火，不过事后他会说对不起。他的生活态度十分谦卑，因为他能意识到心魔的存在。他错过了许多场我参加的曲棍球比赛，但是我不怪他，因为我知道他一直都关心着我的比赛。我知道他相信我能成功：顺利进入医学院，成为一名儿科医生。他会不停地和我的哥哥姐姐交流，因为他想了解我们的想法、信念、感受，以及我们做过的所有事。

　　每年夏天，我们全家都会去遥远的缅因州北部度假，我们在那儿徒步或钓鱼。他坚持要全家一起去，并在那儿待上两个星期。这可不是一个十几岁的女孩梦想中的那种假期。我们经常为了不去而奋力抵抗。不过最后，我和我的哥哥姐姐都十分庆幸还是一起去了。那些假期让我们认识到家人对他有多重要，我们每个人对其他家庭成员来讲有多重要。

　　2011 年 3 月 30 日，我坐在爸爸的身边，而他正在一步一步接近天堂，我感到非常不安。我的儿女都早已成年，我有自己的生活和至爱。所以，我想知道这种焦虑到底是从哪里来的？这并不是简单的失去至亲的悲伤。这是一种恐慌，因为我生命中的某些东西将要崩塌了。我理智地想一想，这似乎没有道理，不过对我来说，这在情感上完全讲得通。而且，确切地说，我爸爸就是我的安全网。或者换一种说法，他是我们家庭车轮的轮轴，他不在了，我该怎么办呢？

我一直认为我爸爸，而不是我丈夫，是能够摆平所有事的那个人。如果我的世界分崩离析，爸爸就是我可以依靠的那个人，他会挺身而出，重新把一切整合在一起。关于他的记忆充满了我的脑海。记得在瓦萨学院读大学一年级的那个秋天，我特别想家。每个周五下午，爸爸都会开四个小时车来接我，这样我就能在家过周末了。到了星期天，他再把我送回学校去。他从不抱怨，只是开车。记得那次我滞留在丹佛机场，最后也是爸爸来救的我。我知道他会来，当时他和妈妈就在丹佛，在暴风雪可能到来、航班可能取消的时候，他们非常有先见之明，在附近的酒店预订了房间。不过，我还是很固执地去了机场，希望能够飞回家。等了好几个小时，改签一班没有取消的航班之后，我依然没能成功起飞。幸好，爸爸已经为我预订好了房间，我不必睡在机场的地板上了。

我可以一直依赖爸爸——就算只是想想，并不是真的要依赖他。当我背负重担或面对压力的时候，他总是可以帮我分担。当我在水深火热中挣扎，他也总是会来救我。这就是爸爸为他的孩子做的事，或者说是孩子希望爸爸做的事——一个他们可以依赖的英雄。有一天，当孩子们看着自己的爸爸离世，就像我看着爸爸在那个寒冷的三月天离开我，他们也会陷入恐慌。

我哭得很伤心，因为我清楚地看到我的生活将要发生什么样的变化。我亲爱的妈妈和我最棒的哥哥姐姐们仍然会在我身边，我的丈夫也会给我巨大的支持，但这些人中并没有我的爸爸。在我的心中和生命中，没有人能够取代他的位置。是的，他是最严厉、最难相处的人，但他也是爱得最深沉的那个人，唯有爸爸才是那样的人。我哭泣，因为爸爸离开我们的时候，不是我而是姐姐正好坐在他身边。在最后的几个小时里，我们几个轮流坐在他身边，而只有我姐姐获得了那个特权，亲眼目睹了爸爸离开人世，去了天堂。

最后的时刻，爸爸高烧严重，他的身体摸上去很烫。他几乎陷入昏迷，静静地躺在床上，没有移动、呻吟或显示出任何不适的迹象。但突然，他睁开眼睛，望着天花板的一角，发出了一声欣喜的喘息。坐在他身边的护士问："沃利，你看到了什么？"我姐姐从隔壁的房间跑到他身边，看见爸爸最后深深地用力呼了一口气，就去世了。

我多希望再见到他神志清醒（他当然可以发火）和大笑时的样子。我想再次见到他，对他说一声谢谢，只要一次就好。我想告诉他：尽管我确信作为爸爸和丈夫，他在很多方面还是失败了，但他依旧交出了远比满意更优秀的答卷。他为我们勤奋工作，他爱我们，这已经证明了一切。

爸爸们需要用子女的眼光来审视自己。作为一名爸爸，无论你是否知道，你都是孩子世界的中心，是家庭车轮的轮轴，是他们仰仗的英雄。如果你缺位或者不称职，你的孩子们就会因此遭受苦难。

消失的英雄

最近，我听说了一件事，一个男人分别和六个女人一共生了六个孩子，孩子们现在都成年了，而他却对这六个孩子一无所知。一个朋友问这个男人为什么他从来没去看过孩子们，也不跟他们联系，这个男人说："他们现在也不需要我做什么了。"他说的不对。

每个孩子都需要爸爸，其中当然也包括成年的孩子。如果爸爸在生活中缺位，孩子们想知道这是为什么。爸爸真的一点儿都不在乎他们吗？

或者，当孩子们频繁（或错误）地认为，是不是因为自己做错了什么，才让爸爸离开了？这些缺位的爸爸给孩子留下的伤痛是不可估量的，因为消失的爸爸是擅离职守的"英雄"。

当然，缺位的程度也有区别：有一些是像我刚刚提到的那个男人一样不关心孩子的爸爸，但更多的是爸爸已经被边缘化的家庭。原因有的是离婚或者是爸爸在家庭中处在边缘地带——他去上班、回家，然后认为他的孩子们想要独自打发时间或是跟妈妈在一起，于是他就躲进了自己的房间或天地。

但也存在一个常见的谬误，认为妈妈是孩子世界的中心。妈妈当然是至关重要的——我自己就是四个孩子的妈妈。但是太多时候，我们都认为爸爸是可有可无的。作为一个爸爸，他需要养家糊口或者完成家里的男人应该干的粗活、重活，或者偶尔管教孩子；大多数人都认为妈妈才是舞台的中心。

但事实上，人类家庭的本意是让爸爸和妈妈合作。只有当父母齐心协力，孩子们才能在情感上、精神上、智力上更加丰富和满足。作为一名儿科医生，我可以确定地说：来自完整家庭的孩子更容易获得健康和快乐。

我必须重申一次——妈妈是绝对必要的，但爸爸也不可缺位。对孩子来说，爸爸更应该是家庭的中心。妈妈可能更擅长富有同情心地倾听或包扎擦伤的膝盖，但爸爸才应该成为真正的英雄。他需要去应对家庭面临的各种挑战，成为孩子崇拜的偶像。作为一个爸爸的使命，就是时刻紧绷神经，顶住所有压力，面对所有挑战，供养和保护你的家人。

让我们看一看，如果你顶住了所有的压力，孩子们会变成什么样。如果爸爸沉稳、跟孩子关系亲密，那么孩子会：

- 有更好的自我控制力、自信和社交能力。

- 在青春期较少尝试有风险的行为。

- 较少出现行为或心理问题。

- 降低成为未成年犯的概率（在低收入家庭中尤为明显）。

- 在认知测试中表现更好，得到更高的分数。

- 更有可能在成年早期获得更高水准的经济和教育成就，更容易在事业上获得成功和心理健康。

- 研究显示，爸爸与婴儿关系亲密，参与养育并与他们玩耍，有助于孩子智商、语言能力，以及认知能力的提高。

很明显，当你作为一个爸爸，去关心你的孩子，时常教导他们、拥抱他们、跟他们一起玩耍、支持他们的时候，孩子得到的信息对其成长来说非常有益。当孩子们觉得自己对爸爸很重要时，他们的世界就会更有安全感、更有保障，时刻感觉被保护。社会科学和医学研究为我们提供的大量统计数据可以说明：在父母双全的家庭，孩子的身心成长会更为健康。三十多年来，我以孩子和他们的父母为研究对象，每天都在印证着这个结论。我见过数千个孩子长大成人——有些孩子和爸爸一起成长，有些却没有，这两者之间存在着很大差别。

在爸爸缺位情况下长大的女儿更容易感到"不安全"，并渴望从其他年长的男人那里寻求安慰，而这些男人往往会在利用她们之后抛弃她们。没有爸爸的女孩会比较早熟，她们经常试图从他人那儿寻求安全感和认可。但不幸的是，她们却经常不得不忍受不安全、虐待、抑郁和疾病造成的持久伤害。作为爸爸，如果你关心自己的女儿，就不应该离开她；你有必要保护她，帮助她认识到男性与女性的不同。

爸爸缺位情况下长大的儿子更容易感到焦虑，患抑郁症的风险也更大。如果他们是家里最大的孩子，往往会子尽父责，而这些负担对于尚未成年的他们来说，太沉重了。让男孩过早担负起作为爸爸的责任，这可能发生在失去爸爸的家庭，而这也意味着孩子们将失去童年，失去许多童年应有的裨益。孩子们还需要保护，还需要一个男子气概的理想典范去模仿，而这往往来自一位英雄的爸爸。

一个儿子、一辆拖拉机和一副宽阔的肩膀

赛斯十一岁时，他妈妈开始经常对他发脾气，而妈妈的行为举止也发生了明显变化。他以为是因为自己犯了什么严重的错误，才激起了妈妈的愤怒，但他却不知道自己到底错在哪里。他告诉我，他坐在厨房的桌子旁边做作业时，妈妈会走进来批评他是个坏孩子。为什么"坏"？他却弄不明白。妈妈会对他大喊大叫，到底是因为他衣着不够整齐？还是因为他语言刻薄？或者是因为他成绩不好？对他来说，这些"指控"没有一项是合理的，这对他造成了严重的伤害。

赛斯和父母、弟弟生活在自家的农场里。爸爸在农场干活，白天要工作很长时间——特别是在收获的季节，爸爸就更忙碌了。当苹果和樱桃成熟时，赛斯会到果园去帮忙。他说，他喜欢和爸爸一起操作果园里筛樱桃的机器。他喜欢和爸爸在一起，尽管他们干活时很少讲话。

在妈妈行为异常的头两年里，赛斯没有对爸爸说过什么。他知道爸爸农场的工作已经很繁重了，所以不想给他再添麻烦。此外，他仍不确定妈妈的愤怒究竟是不是自己造成的。妈妈朝他喊叫的次数比弟弟多，所以他觉得如果自己表现得更好一些，妈妈也许就不会再大喊大叫了。不过，这显然没什么用处。

后来，赛斯开始留心父母之间的交流。他听到爸爸试图跟妈妈讲道理，不过也没有用。妈妈仍然对爸爸大喊大叫，而赛斯可以听出爸爸声音中也火药味十足。日复一日，月复一月，爸爸一直在试图让妈妈平静下来。尽管没有成功，但至少，他知道爸爸很清楚这个问题的存在。

到了赛斯十三岁的时候，妈妈变得更加暴躁，甚至开始打他和爸爸。她似乎很少有心情好的时候，赛斯注意到她白天睡觉的时间更多了。他既迷茫又害怕——不仅是害怕她，而且也为她担心。妈妈会变成什么样？家人会怎么样？赛斯承担了许多家务，比如做饭和打扫卫生，并指导他的弟弟也学着做家务。他注意到，爸爸花在农场的时间变少了，而花在家里的时间更多了。这让赛斯很担心：如果爸爸不种地、不赚钱，他们怎么生活呢？

终于，有一天晚上，赛斯的爸爸让他和弟弟一起坐下来谈一谈。爸爸说，现在情况很严重，他们的妈妈被诊断患有精神疾病，需要住院治疗，而且费用很昂贵。爸爸告诉他们，自己已经尽了最大的努力去帮助她，但还是失败了。赛斯意识到，爸爸已经使出了浑身解数去帮助妈妈；同时，爸爸也一直在试图保护儿子们。在那一刻，赛斯对爸爸满怀感激。

"孩子们，我们必须做一些艰难的决定了，"爸爸说，"我们需要卖掉农场来支付妈妈的医疗费用。"赛斯的心猛地沉了下去，他开始哭泣。他是在为妈妈哭泣，还是因为会失去农场而哭泣？或者他哭，只是为爸爸感到难过？可能三种原因都有。

几个月过去后，农场卖掉了。爸爸买下了建在一小块地皮上的一栋很小的房子，妈妈经过住院治疗后也回家了。尽管妈妈仍然回不到赛斯小时候那样，但他跟妈妈在一起的生活比过去有所改善。他怀念妈妈以前的样子，怀念农场，怀念和爸爸一起在果园里工作的日子。

后来赛斯告诉我，是他的爸爸拯救了一家人："毫无疑问，他是我们的英雄。爸爸为我们的家庭牺牲了一切。支付妈妈的医疗费是很沉重的负担，但他承受下来了。我知道我们在经济上遭受了损失，但爸爸拒绝向我们透露状况有多糟糕。爸爸能感觉到弟弟和我的担忧害怕。他尽一切努力让我们保持冷静。有很多事我们并不知晓，但很庆幸爸爸对我们有所隐瞒，努力保护了我们。我希望有一天我也能成为像他那样的人。"

父母角色的不同，以及他们
通力合作的重要性

通常，孩子们尊敬自己的妈妈，但同时会认为爸爸才是权威人物——而对爸爸来说，这是一项重大的责任。孩子们信任妈妈，但他们会更小心地应对自己和爸爸的关系，而且说话的语气通常也会更加矜持。

造成这种现象的原因有很多——其中一些是生理上的：大多数爸爸身材高大、气宇轩昂、声音低沉。但也有些更深层的原因：许多孩子把妈妈看作是生活中一个固定装置，他们坚信妈妈会爱他们，并与他们永远站在一起。这就是为什么有些孩子会粗鲁地对待他们的妈妈，因为他们认为妈妈永远不会离开，母爱是无须商榷的。

但许多孩子并不认为爸爸也必然如此，他们觉得必须设法去赢得爸爸的爱，所以他们更加努力地在爸爸面前表现。他们不想让爸爸不高兴，不想冒失去他的风险。作为爸爸，你可能是全心全意付出的，你可能开朗、大方、热情，但你的孩子仍然认为他们需要努力才能赢得你的尊重和爱。这是一件好事，因为孩子越是尊敬自己的爸爸，就越有利于构建更加健康的家庭关系。爸爸在家时，孩子们倾向于表现得更好——这是出于尊重爸爸的权威并想要维持爸爸对自己的好感。

许多男人认为自己不是称职的爸爸，也谈不上什么权威。他们想，自己喝得酩酊大醉、没办法保住稳定的工作、跟妻子离婚……他们怎么可能称职呢？事实上，许多妈妈和她们劣迹斑斑的丈夫离婚，是因为她们认为爸爸会给孩子树立坏榜样。但除非这些爸爸在心理上或情绪上虐待孩子，否则孩子们仍然希望爸爸留下来——即使爸爸表现得一直都不怎么样。所有的孩子都需要爸爸，尤其是那些低收入家庭的孩子。爸爸在身边的时候，他们会表现得更好——行为上、学业上，几乎所有方面。因为我们对爸爸在家庭中所做贡献考核的核心因素，并不是爸爸赚了多少钱或是他是否是个酒鬼，抑或是他是否爱发脾气，而是他在家庭中的投入程度。

儿童和青少年本质上是以自我为中心的。他们希望得到父母的关注，他们也真的并不像大多数父母认为的那样关心父母的幸福安宁。孩子们倾向于思考自己的快乐，而不是父母的，这很正常。最重要的是，他们想要幸福安定的家庭：妈妈能随时帮助他们，而爸爸能随时保护他们。

孩子们，尤其在他们年幼时，其实并不很关心父母是否陷入了不幸的婚姻。他们不在意父母作为夫妻的社会身份，只是把他们当作爸爸妈妈。妈妈和爸爸可能在离婚之后"更幸福"（即使事实往往并不是这样），但孩子们大多数情况下并不会"更幸福"——他们往往感觉世界变成了一个无底洞，会感到困惑、愤怒和焦虑。许多孩子伤心欲绝，好像父母中一方去世了一样。我亲眼目睹的百分之九十九的情况都是这样，孩子们与感情不好、但没有离婚的父母一起生活，比在离婚后破裂的家庭中生活更有安全感。孩子们想要——也理所当然地——关注他们自身的幸福，而不是父母的。

爸爸不必完美无缺

许多爸爸都会被他们自己认定的责任所胁迫。如果他们有了女儿，会担心自己对如何抚养女儿一无所知；如果他们有了儿子，又会害怕自己做得不够，没有做好榜样。许多爸爸都是完美主义者，他们认为如果自己不出色，那就糟糕透顶；一旦有了这样的认识，他们会倾向于从家庭生活中退缩。

有些爸爸向我吐露，当他们第一次抱起自己的孩子时，感觉是恐惧，同时又伴随着感觉自己无能、不能胜任、资历不足甚至愚蠢的情绪。于是，爸爸们会把照顾孩子的任务推给妻子，而不想去冒做坏爸爸的风险。不要这样做，爸爸们！

大多数妈妈也有同样的感受。我的第一个孩子出生时，我正在医学院读书。当时我的儿科医生认为，我作为一个即将进入儿科领域的妈妈，在照顾孩子方面，他无须多言。我听了几乎泪流满面。成为妈妈是一个悲喜交加的高压过程，多种情绪交织在一起。如果作为爸爸你感到不能承受重任，妈妈们其实也是一样的。

如果我女儿吃不饱怎么办？我从来没有母乳喂养的经验。如果夜里她摔在地上怎么办？把她忘在车后座上，结果她窒息了又该怎么办？如果她呛奶、停止呼吸或发高烧该怎么办？我即将要成为一名儿科医生，但在内心深处，我觉得自己并没有成为好妈妈的特质。我丈夫也一样，他工作繁忙，担心无法和女儿建立起良好的亲子关系。

如果你害怕或感到无力，欢迎来到父母俱乐部！我们中的大多数人都有同样的感受。关键是不要放弃，也绝不可认为自己无足轻重。

作为爸爸，你不必学习母乳喂养，这是可以理解的。你也许觉得妻子更擅长换尿布、为婴儿穿衣服、洗澡和照顾宝宝。是的，妈妈也许天生更擅长打理，尤其是关于如何做好事情、穿什么衣服，以及如何调整汽车座椅等。但是，你的妻子仍然需要你的帮助，即使你觉得自己总被像仆人一样呼来喝去。因此，你要尽可能多地抱抱孩子。相信我——这样的话，你、你的妻子和孩子都会更有幸福感，而你能做的事情也会越来越多。

父母同心协力

约瑟夫简直不知所措。他记得看到亚当第一眼时，那种感觉是陌生、强烈而又困惑的。作为独生子，约瑟夫成长于一个普通家庭。他爱自己的父母，但感觉跟他们都不亲近。

亚当出生时，约瑟夫坚定地想和孩子建立一种非常亲近的关系。他说，无论如何都要拥有一个关系亲密的家庭——一个享受共处时光、沟通顺畅，并且彼此依赖的家庭。他希望随时跟自己的孩子在一起。

第一次在分娩室看到亚当时，约瑟夫感觉自己内心有一个角落似乎在崩塌！"我可能没办法在孩子需要时待在他身边。"他说。我告诉约瑟夫，所有的爸爸都需要学习，他也有足够的时间去学习。并且，成为爸爸原本就是自然而然、水到渠成的事。

约瑟夫和伊莱娜婚姻幸福，两个人都希望成为了不起的父母。亚当出生时，伊莱娜既兴奋又紧张，但她比约瑟夫更轻松地适应了妈妈的角色。几个星期过去后，约瑟夫意识到伊莱娜对他已经无暇顾及。白天，她筋疲力尽，需要很多休息的时间。她会把亚当带到他俩的卧室，两个人在那里待上几个小时。每次约瑟夫想让她休息一下，并试图把孩子带走时，她都会勃然大怒。

伊莱娜突然不想再见到家人和朋友。她希望房间里安静无声，总想一个人待着。她晚上睡眠质量很差，白天却很嗜睡。约瑟夫不知道到底该怎么办。他换到了下午班，以便可以看到上班前发生的一切。他的妻子看起来像个陌生人，她变得很容易发脾气，而且充满敌意，她甚至说想离婚。他的生活变得面目全非。

约瑟夫带亚当来做两个月新生儿检查时，跟我讲述了家里发生的事情。伊莱娜以前从来都不会这样，他话语里充满绝望，渴望寻求帮助。我建议让伊莱娜去找医生聊聊，因为我怀疑她得了产后抑郁症。随后，伊莱娜的医生诊断也确实如此。半年之后，在朋友和家人的帮助下，伊莱娜终于战胜了抑郁症。约瑟夫说，刚当爸爸的那些日子，和抑郁的伊莱娜相处，是他人生中最糟糕的时光之一。他说："我感到无法胜任爸爸的角色，而且在伊莱娜看来，我什么事都做不好。无论我做什么，结果都是错的。后来我意识到，她对我的苛责源于她的病，并不是她真实的想法。"

在妻子治疗抑郁症的过程中，约瑟夫积极配合，几乎承担了所有照顾亚当的工作。他给孩子喂奶、洗澡，带他去商店，夜里陪着他。那几个月，他睡得很少，所有的心思都放在照顾亚当、工作，以及试图帮助伊莱娜上。最后，生活终于有了转机。

后来伊莱娜告诉我："在某种程度上，我和约瑟夫甚至有点儿感激我的病。现在，约瑟夫和亚当建立起了深厚的父子情感。我觉得如果我没生病，他们之间很难建立起这种亲密关系。在我生病住院的那段时间，约瑟夫安抚亚当、给他喂奶、哄他睡觉，他真的是一个了不起的爸爸。他们两个现在是无法分开的，你懂这种感受。"

伊莱娜和我进行这段对话时，亚当已经十岁了。他喜欢和爸爸在一起。如果学校里出现了什么状况，亚当首先希望跟爸爸而不是妈妈谈一谈。如果有一个下午的空闲，他首先希望和爸爸一起徒步或钓鱼。她说："有时候我会嫉妒。尽管我不愿意承认这一点，却很开心约瑟夫在亚当身上花了这么多心血。虽然我经常被冷落，但我知道他们不是故意的。有时候，亚当和约瑟夫看起来好像生活在他们自己的世界里。"

"你真的被冷落了吗？"我问。

"嗯，我猜是的。但是现在我思考了一下，其实并没有。这更像是我在嫉妒他们之间那强有力的联结，我猜你会说我心里还是有不安全感。嗯，是的，我知道应该珍惜亚当和他爸爸之间的亲密联系，我不需要去竞争。我们的目标是构建一个温馨的家庭——而我们做到了。我们全家会一起去度假，我会去看亚当的曲棍球比赛，我的儿子已经很棒了！我们之间的关系非常好，只是我丈夫和他的关系要更好一些，我有点儿嫉妒！"她说。

亚当是一个情绪稳定且快乐的小男孩，每次我见到他和他妈妈在一起时，他们母子都非常亲热。我也很欣慰伊莱娜能够坦然地承认她的不安全感，这个感觉产生的根源在于她担心自己不再被孩子们需要，以及她对不安全感的理解。

我告诉许多女性朋友，我正在撰写这本与爸爸相关的书，她们都对我说，我对爸爸的角色定位有误解。她们说，男人并不是车轮的轮轴，女人才是！是的，爸爸不在家的时候，的确是这样，没有人可以怀疑妈妈的力量。但当爸爸为家庭努力付出的时候，就完全不一样了。如果你成为爸爸，你需要做的，就是去尝试。这本书会告诉你怎样做，会引导你走上英雄之路，让你成为你的家庭所需要的英雄！

◎ 坚强地去承担家庭的重担

许多男人也许会因为他们的妻子和孩子而变得沮丧。我理解这种感受，因为你经常认为自己不被需要。但事实是，你是被家人所需要的。冷静下来，集中精力，做一个随时可以为你的家庭站出来的男人。如果你的妻子希望你多留在家里帮忙，那就按照她说的做；如果她抱怨你做得不对，那就继续尝试，并且与她沟通，问她到底需要什么。你要足够强大！如果她批评你，你不要急于反驳，而应该在私下温和地请求她，请她不要在你全力以赴后还批评你——尤其是在孩子面前；就像你答应克制自己，不在她努力尝试的时候批评她一样。婚姻是一种合伙关系，父母之间需要合作。

◎ 减少摩擦

男人都是了不起的问题终结者。如果你和妻子之间出现不和，你就需要调和矛盾，并将你的常识运用到家庭生活中。当孩子们把爸爸视为英雄时，他们寻求的是安静的力量、冷静的自信，以及能够自我控制的榜样。当孩子们乱发脾气或尖叫时，他们其实很清楚自己失去了控制，而且知道这是虚弱的表现，但他们不希望你也如此。

◎ 按你的最高信念去行动

我遇到的绝大部分爸爸很清楚哪些事可以做，哪些事不能做。因此，我告诉他们，只要按照自己的想法去做就可以。其实，每个爸爸都本能地知道一个优秀的爸爸应该是什么样子的。他可能正是你自己的爸爸那样的，也可能是比你的爸爸更优秀的理想典范。无论那个榜样是谁，就让他一直保留在你的脑海中，并引领你努力向那个标准靠近吧。在职场中，大家都知道什么叫作"职业"，我们需要以同样的"职业态度"去扮演父母的角色——根据我们期望的作为爸爸和妈妈的行为标准去要求自己，甚至可能比那个标准要求得更高；特别是对你们这些被唤作"爸爸"的人来说，因为那是英雄的标准。

英雄精神可以是指在战场上救人或作为一个消防员在火场上救人，但你完全可以成为平凡生活中的英雄。作为这样的英雄，你的重要表现之一，就是尽你所能去成为好爸爸。每个孩子都希望自己的爸爸能成为英雄，而每个爸爸内心也都想要成为孩子心目中的英雄。

第二章 | 其实你很了不起

事实是，爸爸与孩子度过的有意义、有质量的时光，会在孩子的记忆与意念里放大。作为爸爸，你拥有让时间静止的力量。

如果我只被允许教会爸爸们做一件事情，那一定是帮助爸爸们树立一个信念：无论你是初为人父，还是单亲爸爸或者是继父，成为一个了不起的爸爸都是可以实现的——只要你接受这一点，只要你以此为目标，只要你为此努力，即使你遇到困难或犯下错误也不放弃，那么，你终将成功。

社会上流行的刻板印象是：爸爸在为人之父的时候非常笨拙。大多数人对此深信不疑。而我们的文化也热衷于歌颂女性和妈妈，并告诉我们：妈妈才是养育孩子的主要角色；爸爸是严厉的教导者，是育儿过程中笨手笨脚的傻瓜，他们也许善于解决难题，但却几乎派不上用场。

20世纪70年代，我就读于一所女子大学。我们想得到自己认为男人所拥有的一切——更多的就业机会、更高的薪酬。我们决心在与男人的竞赛中击败他们，无论那竞赛是什么。我们中的许多人都成功了，或者自认为成功了。

我们进行了一场性别之战，却没有意识到为这场战争付出的代价是什么——我们的确付出了代价。当时，并没有人考虑到自己未来的配偶，或我们的儿女，并没有人想到离婚和无休止的对男性的批评，以及否认他们在家庭中的重要性——这一切都会留下一连串后遗症。作为一位有三十多年工作经验的儿科医生，我可以负责任地说，性革命对于孩子们来说是一场灾难——家庭的破裂和脆弱程度比以前更甚，而孩子们由于性疾病传播，在生理上面临更多的危险。在情感上也是如此，因为孩子们需要的养育责任被无视了。

如今，百分之七十以上的非洲裔美国儿童生活在没有爸爸的家庭中，而大约百分之四十五的白人和拉丁裔儿童也是如此。这些统计数字代表了社会的灾难。

我们的文化并不认为爸爸有多了不起。事实上，在很多情况下，他们几乎都不在其位。但是，我们却忽略了一个甚至连这些统计数据都无法掩盖的重要事实：每个孩子都相信他的爸爸是一个了不起的人！

这就是孩子对爸爸的期待，这就是他们期望你成为的那个人。而作为一个和上千个爸爸一起工作过的人，我可以负责任地告诉你：你绝对可以成为那个人！

我知道，有无数爸爸会告诉我，他的孩子永远不会夸奖他"了不起"。孩子会突然大发脾气，直呼爸爸的名字，对爸爸恶语相向！但请相信，孩子们这样做，正是因为需要你并爱你。当孩子们认为你不关心或不参与他们的生活时，他们会感到受伤。

在关上我办公室的门之后，孩子们告诉我：当爸爸对他们咆哮时，他们会哭泣，因为他们迫切地希望爸爸认为他们很棒！他们告诉我：他们认为你——爸爸——是最强壮、最聪明的人，是一个了不起的人，是一个英雄，而且是他们的英雄！这仅仅因为你是他们的爸爸。在孩子们心目中，你就是那个权威人物。他们想要取悦你的心态，胜过其他所有人。他们心中的英雄，不是妈妈，不是教练，不是老师——而是你！

女儿们连珠炮似的告诉我：爸爸快把她们逼疯了！然后却说当爸爸在家时，她们感到更安全。儿子们告诉我：如果爸爸出现在他们的棒球或足球比赛场，他们会非常紧张；但如果爸爸不出现，他们则会觉得自己并没有得到爸爸的爱。这就是孩子（在认知方面，即使他十八岁了也是孩子），即使他们对许多事情感到困惑，但绝对不会对你与他们之间的关系感到困惑。

最重要的是，他们希望得到你的认可。从出生的那一刻开始，他们就一直在向你学习；而在你的后半生，他们也将继续以你为榜样，想要达到你为其设定的标准，因为你永远是他们的爸爸。

你正在被注视着

众所周知，孩子们是非常善于模仿大人的。但是，对于爸爸，孩子们并不仅限于模仿。如果你在孩子身边，他们每时每刻都在研究你——你的身体、语言和语气。他们捕捉着你的话语，想知道你对他们的想法和感受。你陪伴他们的美好时刻是重要的，糟糕的时刻也不例外。

我的丈夫会定期到南美进行医疗访问。记得有一次，我儿子——他从未与爸爸一起出访过——正在和姐姐辩论他是否应该跟爸爸一起去。他说自己对医学没有兴趣，这次旅行又要花很长时间，而且那儿天气炎热。但姐姐打断了他："你要去！因为你应该看看爸爸是怎么工作的。"姐姐见过爸爸在诊所工作的样子，这对她产生了巨大的影响。她看到爸爸结结巴巴地讲西班牙语（而她可以讲得很流利），看到爸爸尽力帮助别人，也看到爸爸如何应对各种他们在家里永远都不会遇到的状况。

于是，我儿子最后决定跟着爸爸去，他得到了和姐姐相类似的经历（并且有了满肚子的故事——爬上船的树懒、巨型蚂蚁、从树上掉下来的蛇……这都是儿子因为爸爸获得的，这些经历会伴随他一生）。最重要的是，他看到爸爸辛勤工作，努力助人，觉得他是个英雄。

作为爸爸，你所做的每件事都会对孩子产生巨大的影响。这是不可避免的。你的儿子或女儿会以不同的视角来看待你。你认为自己是一个有缺陷的、普普通通的人——或许比这个更差，但孩子们却视你为英雄，一个值得赞美的、了不起的人。他们会效仿你，他们总是能注意到你自己可能都意识不到的美德。我女儿注意到了我丈夫的美德：她看到爸爸是如何帮助别人的——这不仅对他所帮助的人产生了巨大影响，而且同样对我女儿和她的弟弟产生了巨大影响。

孩子们每天都会看到你，受到你的影响。相反，如果你不在时，你的缺位也会对他们进行"塑造"。因此要切记：你是他们生命中的巨人。无论你是健康的还是身患疾病，对孩子们来说，你不仅了不起，而且比他们的生命还要重要。当孩子们看着他们的爸爸时，他们会希望看到地球上最和蔼、最聪明、最坚强、最伟大的人，这个人会爱他们、尊重他们并且对他们的一切都感兴趣。这正是你了不起的一个原因。

不过，也许你的家里没有一个好爸爸；也许你的父母离异，你很少见到自己的爸爸。你可能在绝望之时想念他，也可能因为他没有为你和你的妈妈留下来而感到痛苦，所以你想要做得比他更好，这不是一件坏事。但是我要再次强调，要切记。我跟许多身为爸爸的人讨论过，他们因为爸爸在自己的成长过程中的缺位而终身难以释怀，并因此自责。当儿子未能达到爸爸的期望——因为爸爸的缺位——就可能背负终身的失败感。那种失败感，是因为没有达到男孩和男人期望达到的标准而产生的。缺位的爸爸会留下一种永远填不满的空洞感。你不能改变自己的过去，但你可以成为最好的、最负责任的爸爸。你现在的所作所为，决定了你会成为什么样的男人和什么样的爸爸。

爸爸是如何让时间静止的

你与孩子一起度过的每一分钟，都会在他们的心中成倍累积。记得有一个小女孩告诉我："当我爸爸在身边时，每天晚上睡觉之前，他都会和我聊一个小时。我非常想念他，而且也非常怀念那些时光。"

另一个孩子告诉我：在夏天，他和爸爸几乎每个周末都会去钓鱼，对他来说，那是最美妙的时光！

事实上，这些故事并不完全准确。那个小女孩的妈妈告诉我："不，他们不是每晚都聊天，他每隔一周左右才会去女儿床边坐一坐。他心情好的时候，他们会聊上十五至二十分钟，并不是一个小时。"

那个男孩的爸爸说，他希望每周末都能带儿子去附近的湖边钓鱼，但他们其实只去过四次。"我很惊讶，"男孩的爸爸说，"那只是郊游，甚至都不是一整天。"

我听说过几百个甚至几千个这样的故事。孩子们是在撒谎，谎称跟爸爸一起度过了更长的时间吗？并非如此！事实是，爸爸与孩子们度过的有意义、有质量的时光，会在孩子们的记忆与意念里放大。作为爸爸，你拥有让时间静止的力量。这是让每隔一周的十五分钟，看起来像是每晚一小时的力量；或者是可以神奇地将四次钓鱼之旅，变成一个尽情享受钓鱼时光的完整夏天的力量。

爸爸们，只有你们拥有这种力量。我从没听孩子们如此谈论老师或者在他们生活中扮演同样重要角色的其他人。这一切都是关于爸爸的，因为对孩子们来说，没有什么比爸爸的接纳和肯定更重要。

"坏"爸爸也可以是了不起的

就算你的孩子喊你"坏爸爸",他们也仍然需要你的认可。无论你自己处于什么样的状况,你在孩子们生活中扮演的角色都不会变。爸爸的身份和妈妈的一样,是永久性的。

我经常听到离了婚的父母在孩子面前批评前配偶。妈妈们不应该当着孩子的面把爸爸说成"毫无价值"或"愚蠢";同样,爸爸也不应该把孩子的妈妈说成"疯子"或"泼妇"。无论父母的感情如何,在孩子们的生活中,妈妈和爸爸都是应该被尊重的形象。

孩子们想要爱自己的父母。他们期望妈妈是无条件的爱与关怀的源泉,并希望她们始终敞开胸怀接纳自己。而关于爸爸,男孩们想要一个男子气概十足的榜样;女孩们则需要爸爸的情感支持,因为这可以建立她们的自尊心。

如果离异的父母互相指责,孩子们往往就会因为一点错误而苛责自己。一方面,他们知道自己需要妈妈和爸爸;另一方面,他们又认为妈妈和爸爸说的都是对的。当父母说彼此的坏话时,孩子们就会左右为难。

除非妈妈或爸爸虐待孩子,否则每个孩子都同时需要妈妈和爸爸,即使他们本身有这样那样的弱点和缺点。孩子不会根据个性、工作、收入或性格给爸爸打分。就算妈妈认为爸爸是个混蛋,但孩子还是需要自己的爸爸;就算爸爸认为妈妈是个疯子,孩子也都想要见到自己的妈妈。作为爸爸,你应该给孩子树立榜样,引导他们尊重女性,就像妈妈给孩子树立尊重爸爸身份的榜样一样。

玛吉怀上第四个孩子时，丈夫史蒂夫失业了！他愿意当高中老师，但他知道想在当地的镇上找到一份教职很困难。于是，他变得非常沮丧和失落。玛吉生完孩子后，史蒂夫酗酒越来越频繁。

玛吉在和我说史蒂夫酗酒的事时，经常说着说着就泣不成声："我只是不知道该怎么办。我有四个孩子，我没有工作，却有一个整天待在家里喝酒的丈夫。我为孩子们担心，让他们看到爸爸喝醉的样子，对他们很不好！史蒂夫绝不是一个可恶的人，他只是考虑不周。和朋友们在一起时，他们感到很尴尬。我想和他离婚，因为我不希望他对孩子们产生不好的影响。"

玛吉温和有礼，讲话轻声细语。她为做全职妈妈牺牲了很多，包括她的护士职业。家庭是她的优先选择，但现在丈夫让她失望，她认为离婚是自己唯一的选择。

我告诉她："离婚根本就不是解决问题的最好途径。如果你离婚了，周末史蒂夫就得在家照看孩子，而你不会在旁边帮忙。我知道你生他的气，但孩子们看到的不是一个酗酒成性的人，或者不仅仅是一个酗酒的人。他们看到的是自己的爸爸，并且他们仍然需要爸爸的爱。"

最后玛吉还是留在了史蒂夫身边，不过她常常感觉自己像个单亲妈妈。史蒂夫尝试过戒酒，但最终还是酒瘾复发。

孩子们一上学，玛吉就重新开始全职工作了。后来，孩子们慢慢长大，去上大学了。当她最小的女儿高中三年级时，玛吉和她一起搬了出去。这段婚姻终于结束了！她离开后，史蒂夫酒喝得更凶了。

几年后，我有机会和她的孩子们进行了一次交谈。她的儿子说："妈妈是我的英雄，即使经历了那么多苦难，她也从未批评过爸爸。她知道我们需要他并希望他留下。我认为不是所有的妈妈都能做到这一点。

因为她从不贬低爸爸，所以我们可以自由地爱他。我们爱爸爸，这是一件不可理喻的事。我们爱他，定期打电话给他，关心一下他的现状，因为他是我们的爸爸。"

玛吉为孩子们的付出从未动摇，她默默吞下了愤怒、痛苦和伤害，为儿女留下了宝贵的财富。她教会孩子们如何去爱那些看起来并不值得爱的人，并且学会尊敬自己的爸爸。

史蒂夫跟孩子们的故事并没有结束。他看起来是一个挺差劲的爸爸，许多人会把他当成一个混蛋，但他的孩子不会。他们通过妈妈的眼睛看待爸爸，而且妈妈教会他们：无论爸爸有多么令人讨厌，他的内心都是善良的。即使他们不能依赖爸爸的那种善意，但妈妈向他们展示了它的存在。

孩子们并没有迫不及待地恢复和爸爸之间的关系，不过他们对此抱有希望，因为他们知道故事还没有结束，奇迹总会发生。他们准备好了迎接这个奇迹，因为孩子们都渴望新的开始，跟爸爸一起。

活得像个英雄

当孩子进入你的生活时，你不必刻意去赢得他们的尊重。作为爸爸，你已经自然而然地被尊重了。从注视着你的那一刻起，孩子们就钦佩你，并把你看作是力量、权威、勇气和英雄主义的堡垒，除非你表现得实在太差劲。你可能并不觉得自己像英雄，但我对你的劝勉是——假装像个英雄一样活着。做个孩子们心目中的英雄，那就是你想成为，而且能够成为的人。

你的孩子在你身上看到的一个重要品质就是你很坚强——强大到足以代表他们面对这个世界。有时候，特别是在孩子的青少年时期，他们可能会测试你的这种能力，因为孩子们想知道你到底有多坚强，你到底有多关心他们。

康塞塔生活在一个大家庭，家里十六个孩子。当然，并不是十六个孩子同时住在一所房子里，但通常五至十个人会住在一起。她的父母——亨利和艾丽接收了寄养的孩子，然后抚养他们长大。康塞塔五岁的时候被领养。在她上大学之前，我们聊过天，那时她几乎记不起被领养之前的生活了。但是，她遗留的零星记忆非常糟糕！

她生动地向我描述了自己搬到新的收养家庭时的情景。虽然那个家对她来说是天赐之物，但她仍然记得刚刚到那里时自己有多害怕。

"我记得第一次来到亨利和艾丽家时，我是多么害怕。他们的房子超级大——充斥着噪声，楼上楼下全是卧室。我从来没有和兄弟姐妹们在一起住过，这对我来说压力太大了。"

"我挺害怕亨利的，我不会看他，也不想让他碰我。他握着我的手或者拥抱我的想法让我感到毛骨悚然。"她困惑地摇了摇头，"你能想象吗？我真的很害怕他。"

我很容易就能想象出来，因为她的反应正是曾经遭受过虐待的孩子的正常反应。在康塞塔六岁的时候，我见到了她。她很虚弱，充满恐惧和羞怯。她曾在以前的家中被妈妈和其男友虐待。因此，她发现自己很难相信别人。在早期的访问过程中，她很少注视我。我问她问题，她会点头或摇头，偶尔会茫然地凝视我。她花了两年时间才能和我正常交流。但到她准备上大学时，她已经焕然一新。她能轻松地开始谈论过往，特别是她对父母的亏欠，尤其是对她的爸爸。

"我爸爸是一个严厉的人，米克医生。你知道他忍受了什么——不仅仅是我，还有我的兄弟姐妹。在过去的十年里，他并没有因为我们给他施加的压力而心脏病发作，这简直是一个奇迹！"

在青少年时期，康塞塔的状态是在表达自己的一种愤怒，对男性、对自己，以及对压抑的生活。她剪掉了头发，在身体上打洞，去文身。她爸爸发现她的舌头打了洞，发火了！尽管他的怒火是以一种自律的、柔和的方式表现出来的。

"我永远不会忘记爸爸看到我的舌钉时他脸上的表情，"她说，"感觉好像天塌了一样。我感到十分不安，因为比起生气，他表现出来的更多的是悲伤。我知道我肯定会激怒他，而且相信这是我这样做的一半原因，我想看看他是不是在乎我。好吧，我知道了！他没有大喊大叫，只是拿走了我的手机。因为他一再告诫我，我们家的孩子不允许扎洞。这违反了家规。

"那天，他直视着我的眼睛，压低嗓音，让我交出手机，眼里充满了泪水。我真的伤害了他！如果他对我大吼大叫，那事情就简单多了，但他从来没有对我们任何人那样喊过。米克医生，这到底是怎么回事？我知道我在伤害他，但却停不下来。我迷上了这种让人毛骨悚然的感觉。你还记得吗？"

我当然记得。

十四岁时，康塞塔认识了一个二十岁的男子，他在当地一家修车行工作。康塞塔夜里会偷偷溜出去与他约会，而且曾有两次，她都以为自己怀孕了。

有一天早上，她下楼吃早餐时，亨利发现她有一个眼圈乌青。"他从来没有对我们大喊大叫过，但这一次，他尖叫起来了——因为震惊，我猜也因为痛苦。"她告诉我，"他真的从桌子旁边一下子跳起来，用拳头猛力地捶打桌子。我真的很害怕。我知道，我已经把他推到了崩溃的边缘，他也会这样对待我的。终于要来了——那个爸爸告诉我他根本不爱我的时刻要来了！我已经搞砸了太多事情，他再也不会爱我了。我闭上了眼睛，等着他抓住我，用力摇动我的肩膀。"

我听过这种毛骨悚然的感觉，但我从未听过故事的这个部分。康塞塔停顿了一下，抽泣起来。

"米克医生，你不会相信发生了什么。他走过来，轻轻地抱住我，没有说一句话。他拥抱着我，抱了很久很久。我紧靠在他的胸前，能感觉到他的心跳在加速。我知道他会哭的，我不想让他那样。我想让他恨我，告诉我我是一个多么糟糕的人，并把我拖出房间。

"我开始情不自禁地哭泣。他拥抱我的时间越长，我哭的时间就越长。我真的不记得爸爸和我是怎么来到客厅的，但我们的确坐在了客厅里，我们俩一起度过了几个小时。确切地说，是半天，我们坐在沙发上谈话。差不多都是我在讲话，他提问题，而我只负责讲话和哭泣。我不记得我们都说了些什么，但却永远不会忘记这次谈话的结尾：爸爸拉起我的小手，放在他巨大的手掌中，直视着我的眼睛。'康塞塔，'他说，'你是我的宝贝女儿。'他拖长了音调，讲出了这几个词：'我的——宝贝——女儿——'——就像这样。'你再也不要让我的女儿和一个残忍的男人在一起了。你听到我说的话了吗？你值得一个比那个混蛋好得多的人来珍惜你。'

"那天过后，我觉得有一个魔咒从我身上解除了。我知道这听起来很不可思议，但那个魔咒就是'讨厌男人，讨厌我的过去和讨厌自己'。爸爸教会我以全新的视角看待自己。他教会我看到自身的优点，并相信我是个优秀的人。从那之后，一道阳光照耀在我的身上，生活有了转机——那是一种真正的转变。这多亏了我的爸爸。哦，今年秋天我就要去上大学了，我会想念他的。"

是的，康塞塔，我想说，你会想念他的。她会一直带着爸爸的殷切心意，因为爸爸治愈了那颗破碎的小女孩的心，并给予她力量。当她讨厌自己、讨厌生活的时候，爸爸带着她一起坚强地面对这个并不美好的世界，并给予她足够的父爱。她的爸爸从不是一个冷酷的人，康塞塔学会了信任他。她上大学时，爸爸的力量也成了她的力量之源。

有时，爸爸会认为教养女儿是一个特殊的挑战，因为他们觉得无法理解女儿。但是，你或许不必理解你的女儿，也可以成为她的好爸爸。你只需要留在她身边，保护她，引导她，为她制定规则，并通过爱她来肯定她的自我价值。亨利可能并不"理解"康塞塔，他自己的人生经历与她截然不同，但他仍然是最了不起的爸爸。

足够严厉

我和成千上万的爸爸聊过，他们觉得自己没有能力搞定一个不断制造麻烦的青少年——一个像过去的康塞塔或者更糟糕的青少年，但事实上他们确实胜任了。你也会像他们一样。这些都已经是陈词滥调，但的确是事实：爸爸是强壮的，而且他们需要承受施加在自己和家人身上的压力——包括叛逆青少年的压力。毕竟，对抗来自四面八方的压力让爸爸变得了不起，就像亨利一样。

如果你现在正在跟一个十几岁的儿子或女儿苦苦奋战，请让我提出几点建议。首先，当一个少年说"我恨你"，并在你面前把房门摔上的时候，不要认为这是针对你的。青少年缺乏自我控制能力，真正让其感到不开心的其实是他们自己。不良行为是他们内心活动的显现，这和你并没有关系。

其次，永远做一个成年人。做出决定的人是你，而不是孩子。对他们提出更高的期望，并确保他们了解你的期望。当他们大嚷大叫时，你更要轻声讲话。这会比你大喊大叫让他们印象更深刻。

此外，有时候你需要将你的已是青少年的子女当作"小孩"呵护。由于爸爸的保护天性，他往往比较容易在女儿身上做到这一点，因为她毕竟是个小女孩；而一个十几岁的儿子，身高一米八，有六块腹肌，面对这样的儿子，你很难看到他心里面住着一个八岁的小孩。十几岁的男孩往往不会告诉你他的问题，他会躲进自己的房间或者到外面去冒险。但是无论他有多大块头、多么倔强、多么沉默，或者他跟自己的伙伴多么频繁地参加派对，他都依然希望你参与他的生活，希望你向他展示如何成为一个男人，甚至引导他选择合适的伙伴群体。事实上，如果没有你，一个十几岁的青少年很容易迷失方向。你可能觉得自己没有资格应对这种挑战，但你儿子不会这样认为，你也同样不应该有这样的念头。

你最重要的工作是家庭

作为一个男人，工作对他来说肯定非常重要，工作能彰显他的身份。

但是，最重要和最有价值的工作却是成为一名爸爸。充实的生活意味着人际关系良好，而最重要的关系是你与家人的联结。

作为一名爸爸，你能最大限度地发挥自己的能量，因为男人本质上是问题的解决者。女性更倾向于倾听和直觉，会去寻求见解；而男性则更加务实，倾向于寻求问题的解决方案并采取行动。一个家庭需要有一个倾听并理解的妈妈和一个观察并行动的爸爸。尽管爸爸这个"岗位"并没有薪水，但它带来的情感回报和精神回报超过了任何数量的薪水。

美国职业橄榄球大联盟（NFL）的前外接手大卫·泰瑞是一个伟大的橄榄球运动员，他贡献了超级碗历史上最经典的表现之一。此外，大卫还是一个非常出色的爸爸。几年前，他和我谈起他的生活，这跟他刚开始为巨人队打球时完全不同。2003年，纽约巨人队招募了他。作为一名职业运动员，大卫·泰瑞的朋友和球迷都认为他的生活非常好。他声名赫赫，备受推崇，拥有一份重量级的合同。他实现了自己的梦想，这是同龄人无法企及的，但他却并不开心。

因为他的生活失控了，他自己也意识到了这一点。他开始酗酒，在2004年又因持有大麻被捕入狱，把自己的健康和职业生涯置于非常危险的境地。

大卫的女朋友当时正怀着他的第二个孩子，她给他下了最后通牒，表示不能再继续这种不稳定的关系了。2004年，他和女朋友结婚了。现在他们有七个孩子。

作为一名前橄榄球运动员，大卫显然具有体能方面的天赋，但他也具备让自己的生活秩序恢复正常的道德和精神力量。他把家庭放在第一位，并认识到金钱、名誉和崇拜并没有想象中那么重要。如今，他与巨人队合作，为球员提供工具、资源和信息，以促进球员在赛场内外的成长和发展。他希望帮助球员过上正常的生活，引导他们专注于做品行端正的人，而不仅仅做一个橄榄球运动员。

每个人，无论他做着什么样的工作，都需要挖掘内在的力量，因为有人在依靠你。在一个家庭中，对付固执的孩子，爸爸办法总是更多。我承认，妈妈更容易被"操纵"，而难搞的孩子往往会通过妈妈来得到想要的东西。但强大而务实的爸爸会更快地识破这一点，他会意识到孩子对自己权威的挑战，意识到固执的孩子企图试探他，看看可以从哪一点突破，而且并不会让孩子得逞。爸爸不会在这种力量的角逐中失败。

每个家长都应该知道一个固执孩子的秘密——其实他们并不想赢，真的。他们只想确认你的力量、决心以及你对他们的付出——因为他们知道，你的规则最终都是在保护他们。孩子们希望确认你是认真的。我并不是说这些情况一成不变，或者说他们并不是很难理解。我只是想说你不必成为超人，只需要比固执的孩子更坚定就可以了。爸爸们在这方面做得非常出色：如果你能坚定立场，你的孩子最终将会尊重这种出色。

第三章 | 是引导者，不是教练

如果父母们用这种方式抚养孩子，如果他们无私地、快乐地为彼此、为家庭充当引导者，那么这个世界将会变得更好！

许多爸爸都把自己想象成一个教练，可以引领自己的儿子、女儿走向学业或体育竞技的成功。有时候，他们会自愿去辅导辩论队或少年棒球队。这很不错！我全力支持体育运动，以及用这种方式表达你对孩子成长的关注。但是不要犯傻：爸爸永远不是教练，而应该是引导者！这两者有巨大的区别——至少从我的角度看是这样。教练可以传授技能、鼓励队员，而引导者会让孩子们充满希望，对于美好生活的希望。

道德精神领导力

现在，爸爸们遇到了一个前所未有的挑战：一个传统道德价值观已经分崩离析的社会很难提供道德精神领导力，这种领导力甚至会被完全颠覆。

真正的道德领导力以一贯的美德为基础，那便是道德勇气，它意味着有勇气去做、去说、去相信你认为正确的事情。这种是非观来源于良好的道德心架构，这种架构并不会制造规则，但却符合永恒的真理。你可能会拒绝接受"永恒的真理"这个说法，但它却不会拒绝你，你仍然需要服从它。

拥有强大的道德心、明晰的是非观，才能成为一个真正的人，才能称之为英雄，才能成为家庭道德引导者——爸爸。要做到这一点其实比说起来简单多了，因为这是你与生俱来的天性。如今，我们通常认为道德标准和对错是无法定义的，只能把领导力视为一种假设。但这种是非观念和道德领导力已经写在你的 DNA 编码中，并且印在了你的心里。这并不是说成为道德引导者非常简单，它当然很困难。即使我们的初衷是去做好事、成为道德高尚的人，但我们真正做起来也会南辕北辙，适得其反。做道德引导者对孩子非常重要，是一件值得投入，也必须投入的事情。

如果你想和孩子们建立亲密的关系，道德勇气就是一个必备条件，完全没有商量的余地。道德勇气是构建你和孩子们良好关系的黏合剂，当然也是摧毁你们之间关系的头号杀手。斯坦是一个单亲爸爸，有三个孩子：两个儿子和一个女儿。结婚三年后，他妻子有了外遇。斯坦和他的妻子进行了心理咨询，顺利渡过了这一关。但是仅仅几年之后，他妻子又有了另一段外遇。

斯坦非常爱他的妻子，不过无论他做什么，都阻止不了她寻求婚外情。最后，妻子跟斯坦离了婚，和新的男朋友走了，同时她赢得了孩子的监护权。

几年过去了，斯坦觉得自己被边缘化了。孩子们和妈妈待在一起的时间越来越多。孩子们说，妈妈需要他们。如果不跟他们在一起，妈妈会非常寂寞。斯坦不能勉强孩子们，可是他很难接受。

有一天，孩子们告诉他，不想再见到他了。斯坦猜想这可能也是真相，妈妈向孩子们灌输了他的负面形象。几个孩子分别是六岁、八岁和十一岁。在这样的年龄，孩子们会相信父母所说的每句话。他们的妈妈恰好利用了这一点，她告诉孩子们斯坦有多糟糕，但那不是真的！

斯坦闷闷不乐，情绪低落，对妻子把他和孩子们分开感到愤怒。但他并没有公开宣泄自己的情绪，而是把忧伤深埋在心底，并且试图通过改变自己的生活方式，来证明他们的妈妈在胡说。他给孩子们打电话，给他们写信，告诉孩子们他爱他们。在孩子们生日的时候，他带他们去吃大餐。无论什么时候，只要他有时间，都会参加孩子们在学校的竞技体育活动和表演。他从来不批评孩子们的妈妈，非常努力地工作，并且在当地的慈善组织担任志愿者。

斯坦怀着高尚的道德勇气生活，把对妻子的意见埋在心底。他不想把孩子们与妈妈的关系搞得更复杂，他也可以轻易去认输，比如离开这座城市，开始新的生活。但他并没有，因为他不想伤害自己的孩子。八年来，他一直过着典型的自我牺牲的生活。

大女儿读大学一年级时，她问爸爸能不能来看她。"当我来到她的宿舍时，我激动得不能自已。"斯坦告诉我，"艾尔雅娜满含泪水地哽咽着。开始，我担心是不是发生了什么严重的事情：可能是她怀孕了，或者其他更严重的事？我对她的生活了解太少了。

"后来，她平静了下来，她说她很想念我。我听了，很想哭，可是又有点儿害怕，因为我不想让她因为太关注我的情绪而停止讲话。她告诉我，这些年来，她经常哭泣着入睡。她担心我，也担心自己的妈妈。她恨她妈妈的男朋友们。她没有对妈妈说过这些，因为妈妈看起来十分依赖孩子们。

"她说，妈妈跟他们说了很多我的坏话，比如我不像她那么爱他们，我不给他们出学费、服装费，我从来没有对她好过。妈妈一直不停地说我有多坏。孩子们相信这些，因为她是他们的妈妈。"

"但是不知怎么回事，"斯坦对我说，"我的女儿终于对这一切都不在意了，因为她想念我、需要我，并且看到我努力成为一个更优秀的人，和她妈妈说的完全不一样。因此，在她需要帮助时，她认为我是她可以信赖的人。又能和我的女儿在一起，这种感觉棒极了！"

斯坦的道德领导力得到了回报，代价是用八年的牺牲、八年的道德勇气重新树立一个典范，即使是隔着一段距离，最终斯坦还是将他的孩子们拉回自己身边。孩子们会被道德勇气拉回来，我们都会。当孩子们在自己的爸爸身上看到这种道德勇气时，它的吸引力就会无比强大，因为爸爸是他们最敬佩的人。

引导者会自我牺牲

斯坦为他的孩子牺牲了很多，这是优秀父母的必备功课。

父母最懂得牺牲，从怀孕和分娩的过程，到不能成眠的夜晚，再到努力工作去支撑家庭的日常开销。

有时候，挑战会更加严峻。

里克罹患脑瘫。这种疾病会使肌肉痉挛严重。脑瘫后，他无法走路，不能讲话。人们建议他的父母把他送到社会收容机构，因为他很可能会成为一个植物人。但是，他的父母迪克和朱迪毅然把他带回了家，并尽可能正常地抚养他。

里克十二岁那年，他收到一台叫作希望机的设备，可以帮助他和父母沟通。他告诉爸爸，自己想参加一次八千米跑，来为其他瘫痪的少年筹款。

为了让里克去"跑"这八千米，爸爸迪克要推着里克的轮椅奔跑。迪克并不擅长跑步，但为了里克能参加比赛，为了让里克觉得自己并没有真的残废，迪克就决定去跑。

迪克推着他五十千克重的儿子跑了八千米，然后还陆续参加了马拉松，甚至铁人三项赛。这对父子不仅一起奔跑，还一起游泳、一起骑自行车。

为了一起游泳，迪克把儿子绑在一只救生筏上，再把救生筏绑在自己身上。骑车时，他们有一辆专用的自行车，可以让里克坐在爸爸的前面。

最终他们参加了九百五十多场比赛，包括七十二场马拉松和六场铁人三项赛。迪克说，自己能够如此付出，是因为"爱他的家人"，并且自己的付出能让里克感觉到幸福。

迪克并不是教练。当然，比赛中他也给了里克一些指导、鼓舞和引领。但是大多数教练都不会拖着一个运动员在海上游三千米，载着一个乘客骑行一百八十千米，然后再推着轮椅奔跑四十多千米。这不是教练的职责，这是只有爸爸才会为儿子做的事。

优秀的父母会无条件地为孩子的利益牺牲自己的时间、精力和舒适，而且，这种牺牲对他们来说如此自然，他们几乎不知道自己正在成就什么。不过如果父母做出这些牺牲，并不是为了孩子，而是企图让孩子背负情感的债，那这种付出就变得非常危险。妈妈可能比爸爸更倾向于用爱绑架孩子，我跟她们谈论这个话题的机会更多，对此我们应该提高警惕。

迪克自己并不会去跑马拉松，也不会参加铁人三项赛。事实上，他告诉我，许多比赛的观众都公开批评他，指责他把里克置于比赛的压力之下。但他们不知道的是，正是里克而不是迪克坚持要参加比赛。他做到了，为里克牺牲了时间和精力——只是为了让儿子开心，而不是以此谋生，也不是为了控制儿子的生活，更不是沽名钓誉。他只是为了儿子的快乐而做一些尝试和努力。

然而，还有一些父母为了孩子牺牲了自己的时间和精力，但是却难偿所愿。想想那些对学生运动员或是其他人十分专横的教练，他们在比赛中对队员大喊大叫，着魔似的不惜一切代价赢得比赛（哪怕仅仅是六岁、七岁或八岁孩子的棒球比赛）。如果你去问，他们可能会说，自己是在教导孩子们。但事实上，他们恰恰是为了自己才这么做的。他们需要感受自己是胜利者，需要间接地通过孩子们的成功去验证自己的生活。不用问，如果孩子们失败了，他们肯定会有挫败感。他们努力把孩子们培养成职业运动员，其实孩子们自己可能并没有这样的梦想，或者他们还太小，不会去思考这些事，就是想打打球，享受运动带来的乐趣。父母或教练如果太具竞争意识，甚至逼着孩子练习，最终都会导致孩子们对运动本身失去兴趣。高中生运动员们曾经告诉我，他们觉得自己被教练或父母"利用"了。具有讽刺意味的是，制造出这种强烈抵制情绪的教练，往往特别渴望在社区里以"关心孩子"的形象示人。他们心里只关心输赢，会说生活中本来就只有输赢，而孩子们需要适应它。其实，生活中有许多事，远比输赢更重要，或者至少比在运动场上取胜重要得多。实际上，大多数孩子都明白这一点。很遗憾，爸爸有时候意识不到成为一位道德引导者，做一个正直的人，远比在比赛中获胜更重要。

混乱的动机、扭曲的意识和盲目的牺牲，会让孩子不堪重负，而这正是因为你的领导力——富有牺牲精神的领导力与他们的愿望背道而驰。

你的孩子们期望你具备富有牺牲精神的领导力，因为他们把你当作一个成年人，强大、全面、完美、智力敏锐、情绪稳定，不像他们那样稚嫩，需要你的帮助和指引，并希望你不会让他们失望。

史蒂芬是一个很出色的爸爸。他是个建筑工人，但他确信自己最重要的职责是当好爸爸。史蒂芬和妻子艾尔玛有个大家庭，他们的儿子名叫特洛伊——他们在他六岁的时候领养了他。特洛伊带着严重的行为问题来到了这个家。在被原生家庭虐待和遗弃之后，他拒绝任何人的触碰，而且比其他孩子更调皮、更有暴力倾向。

作为一个好爸爸。史蒂芬竭尽全力重新构建特洛伊的生活，为家庭定下规则，并努力支持特洛伊和其他孩子的梦想，对他们负责。事与愿违，当特洛伊长成少年时，他的行为更加糟糕，后来甚至退学了。史蒂芬和艾尔玛坚持让他出去找工作，如果特洛伊在家里表现不好，爸爸也不会对他喊叫，而是给他一张耗费体力的家务清单——从劈柴到铲土，什么活都得干。

到了十八岁，特洛伊毅然离开了家。在一个昏暗的夜晚，他又回来了，当时他的父母和兄弟姐妹都在度假。他闯进了房子，偷走了现金和值钱的物品。后来，史蒂芬质问特洛伊，他坦白了自己的偷窃行为。史蒂芬跟他做了一个"交易"：特洛伊要么去参军，要么他的爸爸就报警。

就这样，特洛伊入伍了。如他爸爸所愿，他找到了必须要遵守的纪律，也找到了生活的方向，还学会了一些工作技能。再后来，他结了婚。史蒂芬和艾尔玛非常喜欢他的妻子。后来他们有了一个孩子。在特洛伊被派遣到海外的时候，史蒂芬和艾尔玛邀请特洛伊的妻子和孩子跟他们同住，以减轻这个小家庭的日常开销压力。

几年后，我跟史蒂芬的女儿塞西莉交谈，她那时候还和家人一起生活。很明显，她非常喜欢爸爸——甚至觉得就算他对特洛伊有点儿严厉，她也觉得爸爸做得对。不光特洛伊一个人做错了事要干劈柴这样的体力活，家里别的男孩犯错了也会挨罚。如果女孩犯了错，她们就得绕着房子跑圈。她说那时候真的很快乐，但她不会和爸爸说这些。

另一方面，塞西莉说爸爸总是告诉他们：他很爱他们！他是一个和蔼的人，而且很慷慨。爸爸愿意为他的孙子、孙女牺牲自己舒适的生活，塞西莉把这些都看在眼里。

史蒂芬很少去打猎、钓鱼或和朋友去打高尔夫球，他总是和孩子们在一起。如果去度假时，他总是带上全家人一起去。他从来没有在爸爸或爷爷这个"岗位"上有过一刻喘息，一直全心全意地为家庭付出。

孩子们也对他做出了回报，包括特洛伊。他在部队里慢慢成熟起来，有了稳定的婚姻，退伍后找到一份不错的工作。我很开心，对特洛伊来说，拥有史蒂芬和艾尔玛这样的父母是多么幸运。

引导者不会随波逐流

所有父母都希望自己的孩子表现出色，多交朋友，被同龄人喜欢。但有时候，我们却过于关注错误的事情。有个棒球打得好、化学课成绩优异的儿子，有个拿到全"A"、在排球赛中进攻游刃有余的女儿，这当然是很棒的事情。但如果你的儿子只是个板凳球员却仍然热爱比赛，你的女儿尽了最大努力最后只拿到了全"B"，这样的结果其实也不坏。

真正重要的并不是取得了这些成绩，而是塑造孩子的性格，因为它关乎他们真正的本质——不仅仅是作为棒球队员或学生，而是作为人的本质。孩子们性格的形成需要爸爸的帮助，而当谈到帮助孩子们摆脱同龄人的压力时，这的确让人伤脑筋，考验你领导力的时候到了。

你需要制定规则——并且坚持做你认为正确的事（因为你很可能就是正确的），不管其他孩子怎么做，也不去管其他父母允许孩子们怎么做。

作为爸爸，你需要做那个介入者，制定基本的家庭规则，并且严格执行，这不是容易的事。如果你女儿的朋友们让她一直挂在社交媒体上，如果原本健康的运动员儿子慢慢变得爱发牢骚、脸色苍白、无精打采、裤子松松垮垮，而他最亲密的朋友都是游戏玩家，戴着耳机和他联网聊天。这种情况下，严格执行家庭规则肯定不容易。制定限制使用电子设备的规矩或许短期内会伤害孩子们的感情，但这总比放任他们损害自己的生活、妨碍他们的发展要好。作家吉姆·杰拉夫蒂（Jim Geraghty）和电台主持人卡姆·爱德华兹（Cam Edwards）在他们合著的爸爸指南《举重》（*Heavy Lifting*）中指出：重点是电子游戏的确有趣，而且是真实体验的模拟。但你不应该满足于有趣、积极、虚拟的生活，其实你能做得更多。

根据我的经验，大多数爸爸都知道孩子们面临着电子设备的危害，并且愿意去执行简单的规则。妈妈们则更具有社交思维，与孩子的朋友们和家长们联系得更多，但她们不愿意伤害他人的感情，只要有人说"是"的时候，她们就不愿意提出不同意见。爸爸们则完全不同，他们不介意与众不同，愿意制定规则，而这恰好是他们应该做的。你的家庭能不能成功制定有效的规则，全仰仗爸爸的意志和执行力。

爸爸可以禁止十几岁的儿子外出，不用担心儿子的朋友强烈抵触。妈妈知道时下流行什么穿衣风格，允许十几岁的女儿也这么穿，爸爸却可以告诉妻子"我的女儿不能穿成那样"。爸爸们，请注意技巧，当你的妻子、女儿和儿子告诉你，你并不了解情况，这时候，你需要稍微调整一下规则。你要果断地说"不"，并且智慧地理解"不"，这才是正确答案。杰出的引导者只做自己认为正确的事，而不会介意其他人的想法。

乔尔·詹森是他儿子的少年棒球联盟队的教练，他尽一切努力想让球队入围少年棒球联盟世界系列赛。詹森的球队来自俄勒冈的班德市，以 6:0 的比分领先于意大利队。轮到詹森的儿子以赛亚投球了，他已经筋疲力尽，投出的球时好时坏。于是詹森跑到投手丘上，他不知道，这个时候一架摄像头捕捉到了他和儿子之间的对话。

詹森说:"我只是想过来说，作为爸爸和球员，我爱你。你打得很棒，知道吗？"然后他说，"开心点，享受投球的快乐。"

詹森是他儿子的教练，不过在这段对话中，他更是一个爸爸，一个引导者，他让儿子知道他很爱他，无论他是被淘汰了还是被保送为击球手，他都以他为荣，而且在这个伟大的时刻，应该是快乐的。这段对话，我相信会一直留在他儿子的生命中。

乔尔·詹森传达了正确的信息，因为他知道，最终比赛的关键并不是他——不是他的球队取胜或是他成为一个胜利的教练——而是孩子们，包括他的儿子。

体育的确可以塑造性格。孩子们进行体育运动时，真的是在印证那句老话——胜负并不重要，重要的是如何进行比赛。当然，教练必须带领队伍取胜，制定战术，给队员提供技术指导。但一个作为引导者的爸爸必须超越这一点，致力于塑造孩子的性格才是最关键的。纪律性、奉献精神、不懈努力、承担责任，当然还有公平比赛的观念，所有这些都可以在体育运动中培养孩子，让他们取得更多的收获。对孩子们来说，比胜利更棒的，是知道自己的爸爸无论如何都爱他们。即使他已经付出了所有努力，最终却输掉了一场重要的比赛。

有许多方式可以打磨你作为家庭引导者的技巧。这里就有几种。

◎ **大胆地从错误中教导你的孩子，让他们知道什么是正确的**

首先，要为你的孩子提炼出清晰的脉络，例如：

- 打人或伤害他人是错误的。
- 撒谎或偷东西是错误的。
- 不尊重年长的人（是的，这里面包括你）是错误的。
- 懒惰是错误的。
- 伤害或不尊重自己的身体是错误的，不要文身、打洞、暴饮暴食（或者让自己骨瘦如柴），不要服用毒品、抽烟或酗酒。
- 逃避自己的责任是错误的，例如学校的任务或家务活。

其次，确保让他们知道什么是正确的事：

- 讲真话是正确而光荣的。
- 帮助需要帮助的人是正确的。
- 将遗失物品归还失主是正确的。
- 像对待自己一样对待他人是正确的。
- 跟老师和其他成年人讲话有礼貌是正确的（即使你觉得他们不值得尊敬）。
- 通过锻炼、吃健康的食物保持身体健康是正确的，并且在成年之后生活要有节制，这是自我尊重的一个重要部分。

这些规则会让你的孩子感到更安全，甚至以做你的儿子或女儿感到自豪。

◎ 有牺牲地行动

引导者经常把他人的利益置于首位。爸爸们，对你们来说，他人意味着你们的妻子和孩子。记住他们一样值得你做出牺牲，这一点很重要。为了给你自己一个稳固、幸福的婚姻，给你的孩子正向的影响，你要顺从、尊重，以老式的礼貌和骑士风度对待你的妻子，这是很重要的事。因为你希望女儿拥有这样的丈夫，也希望儿子成为这样的男人。如果父母们用这种方式相处，以这种方式引导孩子，如果他们无私地、快乐地为彼此、为家庭充当引导者，那么这个世界将会变得更好！

在这里，我给大家提供一些富有牺牲精神、成为家庭引导者的方式：

- 周末不要和你的朋友一起去钓鱼，应该带着家人来一场钓鱼之旅。
- 询问你的妻子怎样帮助她做家务。（我保证你的孩子会在一边观看——尤其是如果你让他们也参与进来的话，他们肯定会说："我们能帮你干点儿什么。"）
- 请把你攒下的准备买一套新高尔夫球杆之类的东西的钱，存进孩子的大学学费储蓄账户里。
- 不要一下班回家就一屁股坐在沙发上，带上你的妻子和孩子，一起去看场球赛或出去吃饭，即使你觉得很累，只想休息。

- 不要一回到家就打开一瓶啤酒，回到家后打开棋盘或游戏的盒子，跟你的家人度过一个游戏之夜。
- 去做慈善活动的志愿者，比如在流动厨房帮忙，别忘了带上你的孩子。

你的富有牺牲精神的领导力会潜移默化地影响你的孩子，让他们效仿你，并成长为更加出色的人。

第四章 | 你不是你的爸爸

你的童年不可能重来，但你可以掌控自己的未来。你的孩子会帮助你，因为他们想和你保持良好的关系。爸爸注定要成为孩子的英雄，而你应该从第一天开始就以这个状态为起点。

如果你的爸爸是一个了不起的人，就像我的爸爸一样，你可以跳过这一章。因为你已经拥有了一个了不起的榜样，这是一份非常棒的礼物。

但是，如果你和自己的爸爸关系紧张，我也要告诉你一个好消息：你仍然可以拥有幸福的家庭生活，跟你的孩子建立良好的关系。很多跟我合作过的运动员都来自没有爸爸的家庭，但他们都能努力成为了不起的爸爸。在孩提时代，他们就有这样的渴望，最后他们都成功了。

你自己的童年不可能重来，但你可以掌控自己的未来。你的孩子会帮助你，因为他们想和你保持良好的关系。爸爸们注定要成为孩子的英雄，而你应该从第一天开始就以这个状态为起点。

构建更好的传承

你要从自己原生家庭的糟糕经历中解放出来，从中吸取教训，这对你来说是一个挑战，避免重蹈覆辙。当然，我们都不自觉地从父母那里继承了他们的行为方式。如果你的爸爸习惯咆哮，那么在面对压力的时候，你很可能也会咆哮——即使你发誓再也不这样做了。打破根深蒂固的行为模式很困难，但这并非不能实现，不过需要付出很多努力。想成为一个比你自己的爸爸更棒的爸爸，你要做的第一步是认识到他的错误，并且进一步认识到这些错误的做法当时是如何影响你的。回忆一下：当时你还是一个小男孩，你爸爸咆哮的时候；或他没来看你的球赛的时候；或他看起来很忙碌，对你置之不理的时候；或在你需要他的时候，他却不在场；或者他彻底缺位，抛弃了你。这些时候你的感觉是怎样的？

我不会假设你对那些体验的感受，但我可以告诉你：无论你的感受怎么样，那都很重要，因为当时你的感受塑造了你今天的样子，并且设定了你今天可能需要迎接的挑战。

男孩们和缺位的爸爸

在我作为儿科医生的职业生涯中，我接触了很多爸爸缺位的男孩。孩子们在讲述自己的经历时，经常号啕大哭。这些孩子小的时候，都会在自己的心里构建一个幻想的爸爸，来弥补自己从未见过或很少见到爸爸的遗憾。他们长大一些后，会感到不同程度的空虚。

他们经常责怪自己，认为一定是因为自己不好，才让爸爸离开，或让他不再关心自己了。孩子们非常在乎自己的爸爸，但如果爸爸抛弃了他们，很可能会给他们留下持续的不安全感和焦虑感。男孩们以及成年男子都想要知道，在自己爸爸的心目中，他们是否符合标准。

被爸爸抛弃的男孩会更难以信任他人。对他们来说进入亲密关系会非常困难，因为他们不想再次冒着伤害自己的风险投入情感。他们甚至不知道该如何成为一个男人，因为本该由爸爸以建设性的方式来肯定儿子的男子汉气概，而他们的爸爸却缺位了。

如果你的情况与上述情况中的一条相符，我再次强调，那没什么可害怕的。不要被自己的过去挡住去路，你可以在现实的生活中战胜它！

对爸爸们来说，一个重要的挑战就是让他们的爱保持在线，去传达自己的爱。可能你自己的爸爸从来不会拥抱你，从来不会告诉你他爱你；而你也同样不去拥抱自己的儿子，很难开口跟他们说你爱他们。不要怕，去拥抱他们吧，亲口告诉他们你爱他们。开始这可能会让你感到别扭，不过，最后你会发现直接表达爱确实有效。这会加深、加强，甚至重建家庭的爱。表达爱意是一种非常好的沟通方式，可以解决你小时候因为缺乏关爱而导致的问题。这可以向你自己证明：你不是你的爸爸，你可以比他做得更好。

如果你自小爸爸就缺位，那你很有可能必须得早一些成熟起来。如果你是家里最大的孩子，就必须得充当家里的"顶梁柱"。承担一些责任是好事，但要符合孩子的年龄特点。很多时候你可能会觉得不堪重负，许多缺少父爱的男孩都会有挫败感。

如果你也有那样的感受，把它们放在一边吧！作为一个男孩，如果你肩负了一个男人的责任，就应该为自己的尽力而感到自豪。作为爸爸，你能确保是你自己，而不是你的女儿，也不是你的儿子，承担了爸爸应该担当的重担。

成为家里的顶梁柱

罗兰的妈妈十八岁时怀上了他的哥哥，两年之后，有了罗兰。又过了几年，父母又给罗兰添了一个弟弟和一个妹妹。罗兰的童年过得很凄惨，他们家一贫如洗，妈妈几乎每年都带着孩子们搬家，而爸爸却频繁地消失——经常一连消失几个星期都见不着人影。"我的爸爸真的是一个好人，"罗兰告诉我，"但我真的不知道他在做什么，或者去了哪里，他就是从来都不在家。我们的生日和圣诞节他会回来，除此之外，他很少在家，尤其是在我还非常小的时候，我们很少见到他。"

罗兰七岁的时候，妈妈终于厌倦了向孩子们解释为什么爸爸从来不在家，她决定离开爸爸。她得出去工作，这样才能养活一家人。罗兰告诉我，他小时候，爸爸不在家，他和哥哥成了最好的朋友，他们俩都是捣蛋鬼。他们俩先去学校吃早餐，然后就离开学校到处游荡，到了放学的时间再回家，这样妈妈就不知道他们逃学了。

"听起来可能很奇怪，"罗兰说，"对我来说，我十岁的哥哥罗尼就像爸爸一样。妈妈不在的时候，就让哥哥照顾家。"一个夏天，罗兰的妈妈带着四个兄弟姐妹到拉斯维加斯探亲度假。这是他生命中最糟糕的一次旅行。他们到了那里以后，妈妈和阿姨把罗兰和他的兄弟姐妹连同表兄弟姐妹们一起丢在一个游泳池游泳。罗兰记得，当时救生员让哥哥坐在游泳池边，但很快他们就发现，哪儿都找不到他哥哥了！于是，他们搜遍了整个公园。

"直到有人跑过来告诉救生员，有一个孩子躺在游泳池底。我记得，我看着哥哥四仰八叉地躺在游泳池旁边的水泥地上，人们努力地抢救他。当时我并不知道哥哥已经死了。我姨夫是个消防员，他接到紧急电话，把我们送回家。我不记得我们是怎么回的家，但我知道一点——哥哥死去的时候，我的一部分也跟着死去了。这也意味着，我的童年到此结束了。

"我记得，妈妈一直在哭泣。她望着我，问我这是怎么回事。那时候我八岁，根本不知道怎么回答。不知道为什么，我觉得哥哥的死是我的错。哥哥的葬礼过后，我们真的不再提起他。我猜这段经历让每个人都伤透了心。"罗兰讲述这个故事的时候，我真想伸出手去拥抱那个八岁的他。

妈妈带他们回了家，生活还要继续。不过这次的变故实在太大了：不仅是他的哥哥——他最好的朋友不在了，那个爸爸的形象也不在了！现在，他必须接替哥哥扮演爸爸的角色。我问了罗兰一个问题，自从我见证了这个事实——男孩们在爸爸缺位后，成为家里的顶梁柱，这个问题就一直困扰着我。我问罗兰："你会自动成为家里的爸爸，还是妈妈开始把你作为爸爸来对待？哪个在先？她希望你成为爸爸，还是你自己想成为爸爸？"

"两者都有。妈妈不在的时候，会让我负责家里的事，我有点像家里的代理爸爸，我自己也接受了这个任务。从我哥哥去世开始，我就得照顾弟弟妹妹。那时候的生活就是这样。"他说，"在这种情况下，十几岁的男孩们可能会很叛逆，因为他们疲于应付并不应该属于他们的生活，但我没有。妈妈要求我们努力学习，而我做到了。我通过学习减轻自己的痛苦，也对抗他人的排斥。"

罗兰学习非常努力。他考上了普林斯顿大学，随后进了沃顿商学院，后来他组建了家庭。但家庭生活出现重大变故影响的不是他一个人，他的爸爸也发生了重大改变。"我的爸爸后来成了虔诚的基督徒。他和别的女人结了婚，又有了两个孩子。他在教会里任职，是社区里的核心人物。"但他给罗兰和他的兄弟姐妹带来的痛苦，永远无法平复。

罗兰成年后和爸爸关系很密切。无论在什么情况下，当他们知道对方在同一个城市的时候，就会见个面，一起吃顿饭。爸爸不是残忍、粗鲁或卑微的人，他对罗兰的态度非常和蔼。他告诉儿子，他成了一个全新的人，并且觉得开启了生活的新篇章。

罗兰快四十岁的时候，爸爸去世了。他发现爸爸的葬礼和哥哥的一样，成了他生命的另一个转折点。"我到葬礼现场的时候，我的妻子、儿子和我，坐在爸爸现任妻子和孩子的后面。人们在葬礼上致辞，一个接一个地为我爸爸献上赞美之词。在某一个瞬间，我看到我同父异母的弟弟扑在爸爸的棺材上哭泣，但是我没有流一滴眼泪。教堂里挤满了来祝愿的人，也有人来感谢我爸爸改变了他们的人生。一个男人在致辞中说，他在坐牢时，我爸爸曾去看望他，并帮助他获得新生。我的内心开始烧灼，"罗兰说，"我想要打人。从小学到大学，我学业和体育样样出色，但是当听到这个人的致辞，我想知道是不是我也应该去坐牢，才能获得爸爸的爱和关注。我崩溃了，这种体会太离奇了！我们——我的兄弟、姐妹，还有妈妈——是他的家人，我们应该是重要的。但在他的葬礼上，我们没有受到任何特别的关注。"

罗兰把葬礼的事抛在脑后，更加努力地工作。事实上，他最近加入了著名的投资银行。一天，一个朋友邀请他担任"全国父权行动协会"的首席运营官，他同意了。他的职位是主席。他作为新任主席，参加一个社区父权协会的活动，这个协会放映了一部影片。一个大学生采访一群孩子，问他们在爸爸缺位的情况下是怎么成长的。罗兰坐在前排观看，一个叫乔安娜的可爱的小女孩回答了采访者的问题。采访者问她："有没有一件事是你希望爸爸们知道并记住的呢？"她的回答牢牢地刻在了罗兰的脑海里。

"我想告诉爸爸们，"她开口说，"你要爱你的孩子们。"接着，一滴眼泪从她的面颊上滑落。

"突然，"罗兰说，"当我听到她说这句话时，我的心崩溃了。我已经准备好向人们强调爸爸的重要性，以及我自己隐藏了几十年、也已经抚平的创伤。但我开始忍不住流泪，甚至泣不成声。"

在担任"全国父权行动协会"主席的日子里，罗兰与成千上万个男人交谈过，并且从那些在没有爸爸的家庭中成长起来的男人那里学到了很多。"人们没有意识到，"他说，"来自爸爸的拒绝和来自妈妈的拒绝完全不一样。当一个爸爸拒绝儿子时，孩子的灵魂会出现一个爸爸形状的空洞。我相信孩子还在妈妈子宫里时，他们就知道有一位爸爸在等待自己，并且比任何人都要爱他们。而且，如果这位爸爸无法填补这个空洞，就会给孩子留下难以抚平的创伤。还有，我和很多人一样，都有一个受伤的灵魂。"

罗兰开始教导男人们，如果他们有爸爸缺位或被爸爸拒绝的经历，他们的灵魂就会出现这样的空洞。许多男人像他一样，会选择将伤痛深埋在心底，用努力学习、叛逆、酒精，以及其他许多事情掩盖这种创伤。他也是这样。"但男人们可以做出选择，"他对我说，"如果他们想止痛，不想把伤痛转嫁到自己的孩子们身上，他们就必须正视伤痛，而且必须努力打破这个恶性循环，事实证明他们确实可以做到。"这是"全国父权行动协会"的宗旨——帮助受伤的爸爸理解他们在孩子生命中的价值，无论他们和自己的爸爸关系怎样，都可以成为孩子理想中的最好的爸爸。

缺乏榜样

我的一个朋友在美国橄榄球联盟打球，他给我讲了一个凄美的故事——一个没有爸爸的男孩的成长经历。这个男孩非常爱自己的妈妈，知道她要工作，又要照顾他和五个兄弟姐妹，非常辛苦。每个圣诞节，他都想送妈妈一件他能找到的最大的礼物。礼物不必太昂贵，但是要装在一个大盒子里，他觉得只有这样才能让人印象深刻。有一年，这个巨大的盒子里装的是一套酒杯；第二年圣诞节，因为他找不到更大的礼物了，他就又送给妈妈一套酒杯；第三年圣诞节，妈妈又收到了一套酒杯。

像我朋友这样，除了在圣诞节送妈妈酒杯之外，就不知道该如何表达对妈妈的爱的人很多。他们在成长过程中缺少爸爸的关爱，不知道该怎么做一个好爸爸，甚至不知道该怎么做一个好丈夫。他们从来没有享用过家庭团聚大餐，也没有听过父母像爱侣一样交谈。爸爸不会给他们朗读睡前故事，也不会向老师了解孩子们的情况。他们没有一个好爸爸为他们树立榜样。

我对那些自己缺少父爱，却又决心成为好爸爸的朋友满怀敬意。罗伯·戴维斯就是一个很好的例子，他是一个职业橄榄球运动员。妈妈带着罗伯和他的五个兄弟姐妹住在华盛顿的一个贫民区，独自把他们抚养成人。在那个贫民区，成长是非常艰难的。罗伯告诉我："那时候，我知道将来我不是去坐牢，就是去打球赛。我很清楚自己要选择哪条路。"罗伯没有应征入伍，而是成了一名橄榄球运动员，并且他的职业生涯非常成功。

我问罗伯，他是如何学习成为一个好爸爸的。他的答案非常简单：在他成长的过程中，他看到了朋友的家庭典范。

"我永远不会忘记，坐在我朋友家的餐桌旁，和他的父母一起吃晚饭的情景。他们全家都在一起，那一天我知道，我想过那样的生活。我想跟我的妻子和孩子一起坐在餐桌前，共进晚餐。我的愿望会实现的，全家人都生活在一起。"这个典范为罗伯·戴维斯的生活设定了轨迹。

如果你自己没有爸爸，也没人为你树立好爸爸的榜样，即便这样，你也别担心。这比你想象的要简单。如果你没有一个好爸爸，那么你至少知道等自己当了爸爸，不应该做的是什么。如果你有个好爸爸，你就知道应该怎样模仿他。无论哪一种情况，你都有成为伟大爸爸的潜质。

改掉"坏爸爸"的习惯

对于大多数爸爸来说，最应该戒掉的是怒气和酒精。许多人提起自己的坏爸爸，都认为他们缺乏自控力，尤其是在控制情绪和饮酒方面。让我们分别来谈一谈下面这几种情况。

◎ 可恶的爸爸

出于这样那样的原因，许多男孩是和脾气糟糕的爸爸一起生活的。有些男人会对自己的家人发火，这对孩子来说非常可怕。如果你有一个爱发火的爸爸，你肯定明白我的意思。一旦他开始咆哮，你会立刻跑开，躲进自己的房间或衣柜里。如果你长大了一点儿，可能会跟他发生正面冲突，挑战他的权威，让他别喊了，而你一直忍受着面对他的痛苦。

◎ 撕裂的男子汉气概

　　和可恶的、失控的爸爸生活在一起，日子肯定不好过。如果爸爸斥责孩子，不仅会让他们感到恐惧，也会让他们觉得人格受到了侮辱，并对自己的将来缺乏信心，而且他们也不知道什么才是真正的男子汉气概。男孩会感到作为一个年轻的"男人"，自己的任务是保护家里其他被伤害的成员。如果爸爸虐待妈妈，他们会憎恨爸爸，并且设法阻止爸爸。但阻止就意味着伤害和爸爸之间的关系，这会让男孩陷入两难境地。有谁会愿意破坏自己和爸爸之间的关系呢？如果不保护妈妈和兄弟姐妹，他们就觉得自己很懦弱；如果挑战甚至伤害爸爸，他们又会深深地自责。

　　哪个孩子都不应该被呵斥，特别是不应该被那个最应该保护他的人恐吓。爸爸给男孩们贴的负面标签，比如"白痴""没用""蠢货"等，真的会戳到孩子的痛点。

　　但也许你正是从这样的经验中，认识到注意语言表达的重要性。你知道作为爸爸，你说的每一句话都会被孩子放大十倍。你应该知道，你的孩子像你一样值得被尊重、被理解；你在孩子心里，应该是最有智慧的人。如果一个爸爸告诉他的儿子，他在生活中永远不可能成功，无论什么事，诸如体育、学业、感情等，这个孩子极有可能认为爸爸说的是事实。

　　许多男人的确选择了"向他们的爸爸展示"自己的职业生涯有多么成功，即使爸爸并没有注意这一点，或者他已经去世了。我曾经见过一些人，冒着毁掉健康、金钱和家庭的风险行事，只是为了最终和他们的爸爸"秋后算账"。

优秀的男人们，你们要记住，你和你的妻子、孩子，都是非常珍贵的。如果你的爸爸用愤怒、蔑视，或者其他不公正的、消极的方式批评你，你也不需要向他证明什么。

作为家庭成员，你们应该彼此珍惜，彼此支持，彼此尊重。我们也应该原谅别人的缺点和过失。而作为爸爸，作为家庭的道德引导者，你应该运用自己在原生家庭中的成长经验和教训去成就自己，做一个好爸爸。

如果你缺少这样一个榜样——他知道如何表达对妻子的尊重，如何表达对孩子的期望。这看上去很糟糕，你没有学到应该怎么做，但是你知道不应该做什么，这至少可以借鉴；如果你理解了这一点，就已经成功了一半。

后退一步想一想，作为一个男孩，你希望自己的爸爸怎样对你说话；当你犯错的时候，你希望爸爸如何纠正你；或者你希望爸爸如何对妈妈讲话。记住你心目中各种场景下"爸爸"该有的样子，并努力成为那样的男人。如果你努力，做到"更和蔼、更可亲"，做个好爸爸也没有想象的那么难。

下面我说的办法听起来好像有点儿故弄玄虚，不过非常实用——就是坐下来观看 20 世纪 50 到 60 年代的老式家庭情景喜剧。看看喜剧里那些拥有智慧、强壮而可亲的爸爸形象，你就找到了最合适的榜样。

◎ 酒鬼爸爸

可恶的爸爸经常是酒鬼，但是对他们的孩子来说还有其他更多的问题。

爸爸 A 和爸爸 B

和酒鬼爸爸生活在一起的孩子们会感觉自己有两个爸爸：一个清醒

的爸爸，一个喝醉的爸爸。如果爸爸们喝醉的时候更加和善可亲，那孩子们真的很"幸运"。但很多爸爸醉酒时变得更可恶，更有攻击性。

对孩子们来说更可怕的是，醉鬼是不可预测，不值得信任的。

当一个爸爸喝醉后，你不能指望他接你放学。在他身边你可能永远都不能放松，为了不激怒他，你必须小心翼翼、时时警惕。

这让男孩们很难接受，也让他们很压抑、很愤怒，而这又会转化为一种沮丧情绪，让他认为生活就是这样的，除了痛苦什么都没有。你要么小心翼翼地走路，要么恭恭敬敬地说话，否则就会挨骂。如果你也有这种提心吊胆的经历，成功地与酒鬼爸爸和平相处，那么这种经历就是你当好爸爸的强大动力。

因为你不想让自己的孩子看到你也是那副醉醺醺的样子，不想跟你的爸爸一样，让你的孩子也背负你的那些悲伤记忆。所以你永远不会借酒消愁，更不会把你的沮丧情绪发泄到妻子或孩子身上。

你有当好爸爸的愿望。面对生活抛给你的所有挑战，你要足够强大。这是你的孩子们期待的，也是你的妻子期待的，更是你对自己应有的期待，你别无选择。所以，要自信，也要让自己强大起来，努力成为你心目中的那个男人。如果那意味着必须锁住你的酒柜，那就锁上吧。这是改造你的生活，拯救你的家庭必须付出的小小代价。

如何成为比你的爸爸更好的爸爸

记住，就算你自己的爸爸经常不在家、酗酒，或者毫无自控能力，你仍然可以成为一个了不起的爸爸。下面我有一些建议，帮助你如何开始当好爸爸。

思考你希望成为怎样的爸爸，并朝那个方向努力。创造你内心模范爸爸的形象：他可能晚上会待在家里，晚饭时间跟孩子们聊天；他可能辅导孩子们做功课，并且很有耐心；他很关心孩子们这一天过得怎么样……

所以，开始吧！这是你的起点。尽你最大的努力晚上待在家里，周末也尽量留在家里，下班之后不要去酒吧和朋友喝酒，直接回家，跟孩子们聊聊天，询问他们这几天过得怎么样，是否想去什么地方，或者是否需要你辅导功课。坐下来，帮助他们。即使你不懂几何，那也去听听他们是怎样努力解答难题的。关键是，你当年希望自己的爸爸怎么对待你，现在你就应该怎么对待你的孩子们。

不要让过去影响你，尽可能从孩提时代的糟糕经历中吸取教训。爸爸或许会生孩子们的气，或者产生敌对情绪，因为他认为孩子们拥有他当年没有的"好运气"，却不懂得心怀感激。很显然，孩子们无须对你的过去负责，你应该防范这种潜意识的反应，要认清它是一个陷阱，避免掉进去。当你发现你生孩子们的气或感到焦虑时，就问问自己为什么会这样。真的是因为孩子们做错了什么吗？你的愤怒跟孩子们犯的错误有关系吗？碰到这种情况，我给你一个控制情绪的方法，就是假设你的孩子是邻居家的，这会帮助你从不良情绪中解脱出来，更冷静、更理智地处理问题。

要记住，你是男子汉。也许很多时候，你发现自己表现得跟你的爸爸一样。这并不是你的错误，而是生活本身的问题。所以如果你模仿了一个坏榜样，尽力扭转这个局面就可以了；如果你觉得对的话，不要害怕延续熟悉的、家族性的处事方法。

要相信自己的本能，相信自己的能力，可以帮助你成为一个了不起的爸爸。你充满了爸爸的力量、耐心和爱。所以大胆去做你认为对的事吧！

要多和孩子们一起玩。有时候，男人想成为更出色的爸爸，最好的办法是让自己休息一下，跟孩子们一起玩。研究显示，当爸爸和孩子们一起玩的时候，孩子们能够更好地在身体上、精神上和情绪上得到发展，并且有安全感。成为一个爸爸可以是、也应该是让你和孩子们都觉得开心又有趣的事。所以走出去吧，跟他们一起玩。所有的孩子，无论是婴儿、儿童，还是中学生，甚至青年，他们都喜欢跟爸爸一起玩。爸爸通常比妈妈更擅长玩游戏。如果你有个女儿，就带她去公园、游泳、玩轮滑、逛动物园、看电影、出去吃个晚饭，这并不需要花很多钱。你们可以在后院玩，或是带着滑板车去人行道上玩；你可以跟儿子一起投篮，练习接球，去公园里跑一跑，教会你儿子一个新本领，比如做飞机模型。你的孩子会像得到了一百万一样开心。如果你有充足的时间，就带孩子出去骑单车、去公园、去徒步。所有能把你和孩子们带到户外，让他们远离电子屏幕的事情都是好事。根据爸爸们的反馈，电脑或电子游戏引发了许多问题，其中之一就是让你和孩子们产生矛盾。因为，那并不是真正的亲子游戏，只是你们并排坐着、盯着屏幕而已。

另一个你需要注意的问题是，确保你们的游戏时间只是玩游戏，并不进行很正式的竞争。如果你是一个竞争意识很强的人，进行体育运动的时候，尽量不要表现出强烈的竞争欲望，尤其是对女孩来说，很正式的竞争会毁掉游戏的乐趣。

大多数爸爸都会忘记陪孩子玩耍，他们认为自己的活总也忙不完：忙着赚钱，忙着整理庭院，即使晚上和周末也不例外。别让自己那么忙，什么事情也没有陪伴你的家人那么紧迫、那么重要。作为内科医生，我丈夫和我有很多"紧迫"的事情要做，但大多数这样的事情真的没有那么紧迫。如果真碰上紧急事件，有急诊室处理。即使对一个医生来说，大多数事情也都可以等到正常的办公时间再去解决。所以，你可以停下来，让自己喘口气，然后陪孩子们去玩游戏，去享受快乐的亲子时光。

要懂得选择快乐。你自己的爸爸很可恶，或者爸爸缺位，都会给你的内心留下伤痕，但伤痕也是可以愈合的。许多爸爸觉得自己还没准备好怎么当一个好爸爸，因此感到压力很大，其实这完全没必要。无论你的成长环境如何，你一旦长大，这一切就都结束了。你的成长经历确实会产生一些持续效应，但是不幸的过去并不预示着不幸的未来。你仍然可以凭借自己的每一份付出获得崭新的幸福生活，可以处理好跟孩子、妻子的关系，我相信这一点。因为我见证过许多这样的成功案例。那些成功的男人，都有意识地为自己、妻子和孩子选择了幸福生活。这意味着去做正确的和高尚的事，这意味着爸爸的身份不仅是一种责任，更是一种充满乐趣的冒险，也是义不容辞的使命。所以，爸爸们，全力以赴吧！

第五章 | 孩子需要你回答的三个问题

一个两岁大的孩子会跺着脚喊你"坏爸爸"；一个七岁的孩子在你想帮助他的时候，会"啪"的一声合上自己的数学书；一个十三岁的孩子可能会露出厌恶的表情，然后躲开你的拥抱。为此你非常沮丧。请记住，永远不要觉得这是针对你的。

我坐在萝莉对面，她正在啜饮着一杯浓浓的黑咖啡。

"米克医生，有时候我会想起过去的日子，我觉得非常对不起我的爸爸。我的意思是，我让他和我妈妈承受的事情实在是太多了。"

萝莉二十六岁了，正在回忆她十五岁的生活。我几乎无法相信她和我记忆中的那个调皮的十五岁孩子是同一个人。

"你认为我应该和爸爸谈谈吗？说说那时候的事。我的意思是，我觉得我欠他一个道歉还是什么。"她吹开咖啡上覆盖的打发奶油和肉桂粉。萝莉看上去很镇静，很有自知之明，她十几岁的时候不是这样的。实际上，她可能从来没有完全理解自己到底让爸爸承受了什么，那简直是千斤重担。就算现在她自己也当了妈妈，还是难以理解当时爸爸忍受了什么，因为爸爸对事情的体验和妈妈不同。妈妈承受的，是孩子们的恶劣行径的冲击；而爸爸承受的，有时候隐藏得更深。

"是的，我觉得如果你和你爸爸谈一谈会更好。我认为谅解是治愈的良药，你为自己的错误请求原谅，你爸爸会很高兴的。"

她听了，好像有点儿吃惊。

"谅解？我是考虑让他知道自己做得很棒，而且我不是故意让他承受那么多事情的。但是请求谅解，我不知道是否必要。我的意思是，他也有错。这比我想要得到的沉重多了。"

"那么，告诉我你会怎么说。"我开始用激将法。

在接下来的四十五分钟里，萝莉再次讲述了我已经熟知的那个故事。我不介意再听一遍，因为这一次讲故事的她已经是一个成年人，对自己和自己的行为有着更敏锐的感知力。

"还记得十四岁的时候，我进了一所新的高中吗？我当时觉得压力很大，我觉得自己像一个怪胎：高大、瘦削、丑陋、独来独往。我不想让任何人看见我，我不是聪明的孩子，也不是运动员。我只是一个各方面都表现平平的孩子，有谁在那个年龄是那样的吗？

"我的大多数朋友都从初中进入了另一所高中，虽然这不是他们的错，但我仍然觉得他们背叛了我，感到很受伤。然后布莱恩出现了，他觉得我很酷。他十九岁，已经留了几次级，具体我不记得了。刚开始，他对我真的很友好，那种感觉很棒。但接着他变得越来越不可理喻。我想要离开他，但是很害怕，不是怕他会变得更可怕，而是担心我会回到过去，孤独、不够酷，而且像个傻瓜。那时候，我开始喝酒。他有一些朋友，周末会开派对，我也会去参加。

"他的朋友们都觉得我太规矩了，所以我开始打扮得跟他们一样。你知道，我父母从来不管我穿成什么样。这很奇怪，你不觉得吗？我的意思是，如果我的孩子从穿着挺漂亮的正常体面的衣服，变成穿着肮脏的黑裤子和蕾丝衬衫，我一定会阻止的！"

萝莉的妈妈的确说过她，妈妈批评萝莉的裙子、她的分数、她的行为，而萝莉爆发了，摔了门，尖叫着"我恨你"，然后一切恢复了平静。我没有提醒她这件事，孩子们都有容易遗忘的事情。

"是的，我只是失控了。"她接着说，"喝酒、吸大麻、糟糕的分数；接着，我被学校开除了。这时候我决定离家出走，不过我不知道该去哪里，只知道我必须离开。我必须走出去，远离某些事情，即使我不知道那究竟是什么。就是那时候，我觉得根源在我爸爸身上，他是我需要离开的主要原因。他从来没有支持过我，你知道吗？他一直都在工作，我记得我妈妈抱怨过。他是个很好的人，不过，我从来都不太了解他，不像我现在这样了解他。"

"除了努力工作之外，你爸爸没做过任何事情逼你离开，是不是？"

"我真的不确定，"她在停顿了很长时间后说。然后，她说了下面的话，值得每个爸爸都听一听："我只是选择迁怒他而已。"

十五岁的萝莉并没有真生爸爸的气；她爸爸不过是无端受过，因为他是那个安全、稳定的人，那个即使她离开他，他也永远不会放弃她的人。女儿们渴望爸爸的支持，觉得爸爸永远是坚强的后盾，而且为了证明这一点，她们会经常试探爸爸。

"就是那时候，我们一起坐在你的办公室里。你还记得吗，米克医生？"

我当然记得，我坐在隔壁房间，房间是隔离开的，这是我的惯用战略，专门用来对付愤怒的孩子。

"我永远不会忘记，你告诉我爸爸他应该带我去玩划艇。'多么愚蠢的一件事啊。'我当时想。你意识到我更生我爸爸气了吗？"我当然知道，但这不是重点，重点是她需要那个她挚爱的人——她爸爸的帮助。

"接下来的一个星期，我们家简直充满了灾难。我可怜的爸爸，一个不喜欢出门，热衷于周末看橄榄球赛的人，绞尽脑汁地想着如何带我去玩划艇。我看着他收拾装备，并不去想旅程会是什么样。但是我内心深处知道，我真的有点儿想单独和他在一起，单独和爸爸在一起。但是我从来没有告诉过他。我对自己都很少承认这一点。"

"他现在知道了吗？"

"不知道。但是这是真的。在我内心深处的某个地方，我有这种感觉，我需要单独和我爸爸在一起。这种感觉就在那里。"

我理解。

"准备工作很烦琐，最终我们出发了。妈妈和妹妹留在家里，爸爸把装备装进车里。上帝保佑他的心脏。我觉得他并不知道自己在干什么！我们的装备是借来的，他可能比我还要紧张。

"第一天真的很惨烈。天气酷热，到处都是虫子，我快被活活叮死了。我试着快一点儿划桨，好离它们远点。爸爸总是坐在我背后划桨，我很开心，因为这样我就不必面对他了。我不想聊天，当然更不想听他说教。可能最糟糕的情况是，他会问我一百万个问题，或告诉我布莱恩有多差劲，或者我被学校开除这件事有多糟糕。

"你知道那天是怎样的吗，米克医生？那一天，他压根儿没问过一个问题，只是跟我一起划桨。我记得我坐在前面，感到愤怒和沮丧，想要尖叫，反复尖叫，但是我没有。爸爸甚至没有做任何让我尖叫的事！我猜，我有点儿希望他说些什么来激怒我，这样我就有借口爆发了！

"随后，我们开始为夜晚扎营，爸爸煮了芝士通心粉。我告诉他那东西超级难吃。但事实上，它的味道真的很好。这是我记忆中第一次感觉愤怒稍微平息了一些，我猜这是芝士通心粉的作用。我们安静地吃着饭，爸爸会用悲伤的眼神望着我，而我感觉很糟糕。我知道爸爸很受伤，就连这一点也让我很生气。

"第二天，我们收拾行装，沿着河行进。这天比第一天还要奇怪。我开始激怒爸爸，对他吼出一些类似'你到底怎么回事，你认识路吗'，或是'我没法相信你'等类似的话。我毫无道理地由着性子乱发脾气。我只是试着让他进入我的圈套。我真的希望他对我咆哮，这样我就真有理由生气了。我的想法多么疯狂啊。"

萝莉坐了片刻，摇了摇头。她看起来被自己不可思议的行为吓住了。我说："你那时候是个不喜欢自己的孩子。生活对孩子来说是艰难的，在很多方面，你都已经尽力了。"我不是在试图让她摆脱难堪，而是在试着帮助她认清事情的真相。我们聊得越多，她就变得越忧郁。

"我很可恶，就是可恶，但是爸爸只是安静地待在那儿，没有落入我的圈套。那一天似乎很漫长。有点滑稽，生气会让你备受煎熬。第二天他又煮了芝士通心粉。我觉得爸爸并没有花太多心思考虑食物的问题，他本来也不是一个喜欢户外活动的人。

"第三天，我的内心有一些东西挣脱了，止不住地哭了起来。我不知道自己为什么要哭。这的确让我爸爸感到不安！可怜的人。他不知道在同意进行这次旅行时，都承诺了要做什么。我们谁都没有。现在，我明白了，这次冒险能让人冷静下来，即使那不是发生在最好的环境下。你永远不知道接下来会发生什么，我们真的不知道。

"爸爸只是一直在划桨。我哭，他划桨。我觉得我哭得越厉害，他划得就越快。不知道我为什么如此悲伤，而我知道他也不明白，但这才是奇怪而精彩的地方。他看起来不需要知道，如果我妈妈在这儿，她会一直追问我为什么，这是她的性格使然。"

坦白说，那也是我的性格。如果她是我的女儿，我也会一直去问她。我觉得大多数妈妈都会这样做。但是爸爸不一样，有时候，安静的力量正是女儿们需要的。

"我不记得晚上吃了什么，"她继续说，"但这不重要。接下来的一天发生的事情是个奇迹。我们两个人开始正常交流了。没有咆哮，只流了一些眼泪，然后是安静地划桨。然后，偶尔聊聊天。我想这是第一次，我爸爸真的在听我倾诉，也是我第一次听到他的心声。在这次旅行之前，我们是两个彼此相爱又相互尊敬的人，住在同一栋房子里。我们会进行关于成绩、关于未来，或是日常状况的交流。但在那天，旅行的第四天，在我们敞开心扉之后，所有的感觉都是那么好。

"我爸爸说，看到我那么愤怒，他很难过。他没有问我为什么愤怒，这是好事，因为我也不知道要怎么解释这个原因。接着他说，自己很高兴能和我在河上度过那一天。你能想象吗？他说他真的很开心和我——一个头发乱蓬蓬的、穿着靴子，让人头痛的孩子——一起玩划艇。当他说出这些话的时候，我内心深处的某些东西在涌动，不是紧张，而是一种对这个男人爱我的冷静的、深切的认知。我被这种情绪击败了。当然，我又哭了起来。

"在旅行结束时，我们谁都没有准备好要回家。虽然没有这样说，但是彼此知道另一个人的感受。很遗憾，我们没有更多的时间去划桨、交谈、观察白鹭和老鹰。我渴望留在河上，因为这是我第一次感到充实，也是第一次感受到爸爸的爱。直到那时，我才知道他爱我。我从来没有在意过爸爸对我的感情，也不确定他是否在意我的感受，但当我们在河上的时候，我眼中流露出的感情，无法掩饰。"

萝莉的眼睛里盈满了泪水，露出了微笑。接着，她说了一些不同寻常的话。"米克医生，你觉得我能找到一个这么爱我的孩子的丈夫吗？"

你可以说，她跟爸爸露营度过的那四天彻底改变了她的人生，的确是这样。在她的生命中，那也是爸爸为她做的一切的极致，是她迄今为止都无法报答的事情。从爸爸的耐心、谅解、爱和付出中，她获得了情感的稳定，那正是她最需要的。

许多好爸爸都自然地关注着外在，关注孩子的学习表现、绘画、弹钢琴等方面的艺术成就，体育技能等。这很好，但比这更重要的是孩子的内心世界，是孩子的性格、情绪和精神世界。这里有一个秘密——你的孩子希望你成为他们内在世界的一部分，并知道这比所有外在的事情更重要。他们想要你认识到这一点，然后帮助他们。

他们需要你去回答三个关键的问题。

问题一：爸爸，你对我的真实感觉是怎么样的？

当你抱着刚出世的儿子时，他感到很安全；当你在睡前哼着小调时，他感到很满足。在整个幼年生活中，他需要知道你爱他。是的，小婴儿会更强烈地依恋妈妈超过爸爸，但这只是孩子成长过程中的一个发展阶段。长期来看，没有人可以取代你在儿子想象中，或在女儿心目中的位置。

孩子们快要进入青春期时，他们的注意力经常会从妈妈身上转移到爸爸身上，因为男孩需要学习如何成为一个男人，而女孩需要知道她们对男人应该有什么期望。男孩们需要爸爸对于他们男子汉气概的肯定；女孩们需要爸爸肯定她们是被爱且受到尊重的。做一个好爸爸的技巧之一，就是永远不要假定你的孩子知道他们是被爱且被尊重的。要随时和你的孩子沟通，因为你对他们的爱非常重要。

萝莉的爸爸通过努力工作，使全家可以过上中产阶级的生活，这为她提供了丰富的外在世界。但当萝莉感觉自己不漂亮、不聪明或者不擅长许多事情时，当她的外在世界无法证明其自身价值时，她的生活遇到了危机，她需要爸爸来帮她再次确认自己的价值，因为那些外在的东西远不如"爸爸在乎她"这个事实重要。当萝莉问我，"我能不能找到一个那么爱我的孩子的丈夫"时，我知道她的爸爸已经成功了——他证明自己很爱自己的女儿，这无比重要。

许多爸爸跟女儿沟通感情都有顾虑。不要担心，女儿和儿子会原谅你的笨拙，哪怕你们之间过去有过分歧，他们也想要得到你的爱。如果你的爸爸敲敲你的房门说，"儿子，我可以进来吗？我要告诉你一些非常重要的事"，你会如何回应？即使你们的关系很糟糕，你也肯定会听他说完的；而且你会不自觉地，仍然希望得到他的认可和尊重。

如果女儿知道爸爸很爱自己，并在充满父爱的环境下成长，那么，她一定会走上正常的生活轨道，因为她知道自己是有价值的、重要的、值得被爱的；男孩们的情况也一样。让他知道自己是被爱的，他会成长为一个自信的男人，能够在世界上闯荡出自己的路，并且学会关爱他人。

这里我总结了一些方法，你可以运用到生活中，这很有用。

◎ 到 场

不仅仅是重要的事件，而是每一天，并且是完全在场。儿子问你问题时，你要放下电话，坐到他面前，跟他进行眼神交流。这才是到场，才是完全在场。

女儿约会回到家，你要在门口迎接她，给她一个拥抱。邀请她到厨房吃块饼干或喝杯水，给她一个倾诉的机会，如果她愿意的话。她可能会拒绝你，甚至可能觉得你在窥探她，但事实上，她会知道你在乎她，会知道你爱她。

不，你不需要出现在每一场球赛、练习或演奏会上。实际上，你天天在家，面对所有日常琐事才是更重要的，也许你只是辅导家庭作业，或送孩子去上学，或跟他们一起进行庭院劳动。你参与他们的日常生活越多，你和孩子们之间的关系就会越好，因为这才是魔法起作用的时刻。一部分是累积效应，一部分是你无法预料一个孩子什么时候会突然说："爸爸，给我讲讲……"

◎ 说出"我爱你"

许多男人都会对说出"我爱你"这三个字有所顾虑，因为他们的爸爸从来没对他们说过这句话。但是你需要把它说出来，或许你在对十七岁的儿子说出这句话之前，需要对着镜子进行练习。即使如此，也要大胆去做。因为效果会很明显。

时间点也很重要。不要让你的爱看上去总是附带着条件，比如孩子取得好成绩，或是赢得比赛，你才会去爱他们。当你的女儿考试不及格，或因为和朋友之间闹矛盾而哭泣时，你说出这句话更有效。孩子们在脆弱的时候更需要你的力量。

◎ 永远不要回避

所有的孩子都试图把父母从身边推开。一个两岁大的孩子会跺着脚喊你"坏爸爸"；一个七岁的孩子在你想帮助他的时候，会"啪"的一声合上自己的数学书；一个十三岁的孩子可能会露出厌恶的表情，然后躲开你的拥抱。为此你非常沮丧。请记住，永远不要觉得这是针对你的。他们的行为与你无关，只与他们自己有关。当孩子们感到不安、失控或产生自我意识的时候，他们会变得咄咄逼人。

保持状态，继续努力，能证明你的爱，那是最有力的方法。你越冷静，孩子也会越冷静。

问题二：爸爸，你相信我什么呢？

除非你告诉孩子你相信他们什么——你认为他们的天赋是什么，性格是怎样的，你对他们的期望是什么——你可能会对他们的想法感到惊讶。

我在幼儿园给奎恩进行过一次检查。他说自己的爸爸在国外打仗，他非常想念他，迫不及待地想让他回家。他为爸爸感到自豪，并且试图向我描述爸爸的制服。

"我爸爸真的很想念我，"他说，"他为我感到骄傲，还说他不在家的时候，我要成为家里的顶梁柱。我妈妈说不需要我那么做，但我更相信爸爸。他很棒，等他回到家，会带我去打猎。但是我得长到十二岁才能打枪，因为我现在太小了。"奎恩滔滔不绝地说着，他的声音听起来很紧张。

"是的。我爸爸告诉我，我是最聪明的孩子。你知道他说得对，我很聪明，每天都读书，因为我知道等爸爸回家时，会让我和他一起读书。"

我让奎恩去客厅拿一本书，向我展示一下他读得有多么棒。当他跑出去的时候，我问他妈妈他爸爸的情况。"他在坐牢。"她说。接着，她开始哭泣，"他从来不打电话，也从来不写信。他是因为醉驾坐牢的，觉得不能告诉奎恩他去了哪里，这太丢脸了。我们告诉他，爸爸在很远的地方有工作要做。奎恩就理解成了他在国外打仗，我只是不忍心去纠正他。"

孩子们有着神奇的想象力，而在六岁的时候，也就是奎恩的年纪，创造出一个想象中的朋友对他们来说是很寻常的事情。在奎恩的案例中，他创造出了一个想象中的爸爸，来弥补真正爸爸的缺位。这样暂时还不会有什么问题，但最终，他必须了解真相。无论他的妈妈还是我，都期待那个时刻的到来。

奎恩想象着爸爸相信他，而他也许是对的，也许爸爸真的认为他是地球上最聪明的孩子，也许他过去真的是那么告诉奎恩的。重要的是，爸爸以他为荣，这个信念支持着奎恩，他相信自己会变得强大和聪明。

几个月后，奎恩的爸爸就将刑满释放。我希望他能重申自己对儿子的肯定，让奎恩坚定信念。这会让转变的过程容易一些。

学术研究显示，和爸爸沟通良好的孩子，很少出现毒品、酒精或抑郁问题。似乎爸爸们有独特的力量，能够促使他们的孩子拥有自我价值感、稳定感以及归属感，这像盾牌一样不仅可以抵御毒品、酒精和抑郁，还可以防止青少年过早的性行为。

无论你的儿子或女儿是三岁，还是四十三岁，他们都需要爸爸的肯定。他们永远是你的孩子，而且会一直需要知道爸爸在哪些方面肯定他们。

下面是你在满足孩子的需求时，需要注意的几点。

◎ 传达简单的事实

孩子们会把你的夸大其词当成真的夸赞。

如果不管孩子怎么用功，成绩也没有提高，在学校得了 C，你依然夸他是班上最聪明的孩子，这并不是好事。夸奖需要诚实。如果你的孩子得了 C，而这是他努力的最好结果，请告诉他这没关系，你要赞美他努力学习的坚忍，并在他几何或英语好不容易得到 C 的时候，帮助他发现自己擅长的科目或其他应用技能。

作为父母，你应该积极地跟别人谈论自己的孩子，不要带有批判性，不过你的评价也要保持诚实。孩子会感激你的，因为他们知道即使数学得了 C，你还依然爱他们，而且他们相信自己能把事情做得更好。

◎ 表扬他们的性格，而不是他们做的事

孩子们想要知道你内心深处是怎样评价他们的，那就直接告诉他们，"我相信你是充满勇气、强大、有耐心、坚定、努力、有骑士风度的"……

◎ 让孩子听到你在谈论他们

我二十一岁那年，所有医学院都拒绝录取我，我想自己这辈子完了！我觉得因为自己太笨，才没被录取。一天，我无意中听到爸爸在电话里和一个朋友聊天，他说我很快就能进入医学院。我听了很震惊。在那一刻，我的人生发生了改变，我的内心被爸爸相信我可以成功进入医学院的深刻认知填满了。之后，事实确如爸爸所言，我进了医学院。那次无意中听到的对话，对我爸爸来说不算什么，对我来说却影响深远。

当你真的相信自己的孩子，他们会从你的声音中听出信任。如果孩子听到你谈论他们，肯定他们的优秀、坚持不懈或勇气，就会坚定信念，而这可能改变他们的人生。

◎ 利用他们的失败

跟孩子沟通的最佳时机是他们觉得自己失败的时候，这时你应该表达对孩子的充分信任。因为，在这样的时刻，他们会认为自己没有价值、愚蠢、没有能力。而你应该面带微笑，走过去跟他们说："我不在乎球场上的输赢，不在乎你考砸了，我知道你是怎样的人，我相信你。所以，

重新站起来，回去继续努力。"这些话语可以改变孩子的人生。

问题三：爸爸，你希望我怎么样？

我最喜欢做的一件事便是走进坐满了高中生的会场，跟他们讲述性的话题。不管你信不信，这很有趣，首先是因为他们真的想听我要讲的内容。因为没有人跟他们谈论这个话题，尽管这个问题时常出现在他们的脑海中。所以当我讲话的时候，听众的注意力都高度集中。

这些年的经验让我了解到，十三岁以下的孩子们不会思考一个星期以后的事，青少年不会思考一年或两年以后的事。他们相信自己生命中最美好的时光就在不远的将来，成年后，生活会变得无聊。我试着告诉他们应该有更宽广的视角，我说他们在十八岁的时候，必须对所做的有关性方面的事情非常谨慎，因为他们的身体被创造出来，是要享受至少五十年的性爱的。这引起了他们的关注！

你的儿子或女儿是活在当下的，也许还带着对未来的一些焦虑。这种想法在很大程度上是适合发展的，并且很难改变。如果你有一个正在和焦虑、自卑或抑郁搏斗的孩子，他会更倾向于相信人生苦短，因为他无法相信生活会变得好起来。对一些孩子来说，人生可能是更短暂的。

几年前，我到洛杉矶附近的一个贫困社区去给初中生讲课。许多男孩都是混帮派的，就在我到那里的几个星期之前，两个男孩死于社区的枪击事件。

老师向学生们介绍了我，并提到我做过的几场演说和我写的书，而这些孩子听了毫无反应，这正是我热爱他们的原因。他们不在乎你去过哪里或你有过什么成就，只想知道一件事：你喜不喜欢他们？我开始谈论性，谈到它好的方面及其有风险的一面，而且我还谈到了他们的感情，我努力鼓励他们将性生活推迟到再长大一点儿的时候。

但将性生活推迟到结婚，这种想法对于大多数人来说都是完全陌生的，因为他们的父母多数都没有结婚。许多人也会宿命地认为自己无论如何不会活过二十五岁，所以他们必须在此之前尽可能多地体验生命。这让我感到非常难过，于是我的工作变成了跟他们谈论未来。从谈论推迟性生活和减少性伴侣，变成了谈论他们怎样才能获得更美好的未来，这是更加艰难的对话。

在你十几岁的时候，结婚、生子、事业，这些看起来都很遥远，更像是梦幻而不是现实。青少年经常纯粹地享受眼前的满足，而不会考虑后果。父母要帮助他们改变视角，引导他们理解，推迟现在的满足是为了将来享受更美好、更持久的未来，生活会给你更多的回报。

现在，我们必须谈到一个敏感的话题：离婚。如果你是一个离婚的男人，你应该知道，对你的孩子来说，婚姻这个话题可能并不妙。父母离异的孩子经常有一种被抛弃的感觉，怀着对父母双方的愤怒，以及对自己的愤怒。他们也经常畏惧婚姻，将来也不考虑结婚。

我要告诉你，如果你是一个离异的爸爸，你可以这样帮助自己的孩子——你不要跟他们谈论自己婚姻的失败或错误，这可以避免你的孩子们犯同样的错误，因为这种谈论通常都有负面的效果。你做过某些事情的事实，在孩子们的脑海中得到了验证。所以如果你有过外遇，也没那么糟糕，他们可能会觉得，这件事甚至值得期待；如果你酗酒，他们也许认为酗酒是一种可以接受的解决问题的方式，等等。

在一次讲座后，一个男人问我，该怎样跟他七岁的儿子解释自己的过去？这个男人最近刚刚刑满释放，罪名是持有和非法交易毒品。他在监狱里的时候，妻子和他离婚了，并且赢得了孩子的抚养权。妻子在冰箱上贴了一张他穿着橙色连身牢服的照片，规格20厘米×28厘米，以此来提醒他们的儿子"永远不要做爸爸做过的事"。这个爸爸痛恨这张照片，也痛恨儿子步他后尘的这种想法。他能做什么呢？

我说："听完讲座后，你就到你前妻家里去，把那张照片拿下来，烧掉。那张照片只会给你和儿子带来耻辱。耻辱从来不可能激励孩子（或成年人）改变他们的道路。当你七岁的儿子看着那张照片的时候，他看到的是他的英雄穿着橙色连体衣，而并不是一个罪犯，或是一个犯了错的人。他看到的是他的爸爸，而如果爸爸在监狱里，他可能最终也会进监狱，只是为了证明他和他的爸爸一样。这就是孩子的想法。如果想让他走上正轨，更有效的方法是留在他身边，做孩子心目中的英雄。"

我对他前妻的做法非常气愤。"你已经坐过牢了，并且结束了，这件事已经翻篇了。你要相信这一点，然后生活下去，你要跟你的儿子聊聊。你应该努力过上值得称赞的生活，为了不让孩子走上弯路，你要去向你儿子展示更好的生活方式。你希望孩子成为什么样的人，就去做什么样的人吧。"

这个建议对每一个爸爸都是真实适用的。

我与美国职业橄榄球大联盟合作期间，曾和这些运动员们讨论过一个问题：为什么他们有些人会辱骂自己的女朋友？我问了其中一个人："为什么他的队友可以拥有赛场上的自控能力，却无法控制自己在家里的脾气？"他的回答令人十分惊讶。

"对于许多在贫困中成长起来，又缺乏父爱的男孩来说，暴力是我们生活的一部分。我们目睹的是殴打，听到的是尖叫。孩提时代，我们经常就是受害者，看不到爸爸和妈妈在一起，看到的只是被抛弃的单亲妈妈。在这样的环境下成长，你学不会如何对待女朋友或妻子，而且我们中的许多人都是在满腔愤怒中长大的，因为没有爸爸在身边保护我们和我们的妈妈。

"想想看。别人付给我们上百万美元，让我们在球场上尽可能地有攻击性。之后，我们回到家里，应该知道如何停止这种攻击行为。但许多人，尤其是和我背景差不多的人，都不知道该怎么做。"

但他们也告诉我，在比赛中，他们的眼睛会不自觉地望向看台，寻找爸爸的身影，即使他们已经多年没有见过自己的爸爸了。这就是爸爸的影响力。即使你不在，孩子们仍然想知道你的事情，想象着你的行为，寻找着你的身影，试图模仿你，并渴望赢得你的赞赏。

通常，儿子们会选择让自己的爸爸印象深刻的职业，女儿们经常嫁给在某些方面类似自己爸爸的男人（所以小心你的举止）。在他们今后的生活中，你将是不可分割的一部分。这是一项沉重的责任，而这正是你的责任，是成为一个爸爸的真正意义。所以现在就抓住机会，让你的出现有意义。下面，我们来看看，你该如何让孩子的未来充满希望。

◎ 用特定的方式谈论他们的未来

谈论他们可能会做的事情，可能会生活的地方，是否他们会在二十五岁、三十五岁，甚至四十五岁时结婚或成为父母。对大多数孩子来说，这是令人迷惑不解的练习。这种谈论也可以激发他们思考人生的欲望，设定未来生活的优先顺序，理解他们的未来甚至比现在更重要，而你要关心他们做出的选择。

◎ 和他们一起梦想未来

很多人都希望子女或孙辈能实现我们的梦想，但我们应该让孩子拥有自己的梦想，并且和他们一起畅想。你可以通过提出开放性的问题来实现这一点，比如"你喜欢阅读历史书吗？你最喜欢读谁的作品？"或"我注意到在我们讨论棒球的时候你很兴奋。棒球是你最喜欢的运动吗？"……不是所有的对话都要和职业有关，或是与他们在学校、运动场上的活动相关。你可以询问能让他们开心或满足的事，或者指出他们的一些性格特点：韧性、谦逊、和善，这会让孩子们对未来保持积极的心态。利用这些对话，实现孩子的梦想——他们投射出的未来。而且，青少年们通过思考未来会获得更好的透视感，较少用糟糕的行为危害他们的未来。透视感是你赠与青少年的一份最佳礼物。

作为一个爸爸，不是给孩子留下巨额遗产、好工作的人脉、第一幢房子的首付或最好的大学的学费，你还要引导他们看到未来。

思考你希望从自己的爸爸那里得到什么。可能你最想要的东西是知道他对你的看法：你的爸爸相信你能拥有成为一个好人、过上令人称赞的生活的能力吗？或是他怀疑过你，让你觉得自己从来都不够优秀吗？如果真是这样，你可能要付出几十年的努力，才能颠覆爸爸对你的错误判断。你自己的爸爸是通过你需要的方式来爱你的吗？如果他没有，那么你要比他做得更好。

你的孩子仰望着你，而你可以用最意义深远的方式改变他们的人生。他们相信你，需要你在身边，并渴望你的赞许。

成为一个出色的爸爸真的非常简单。别担心你会犯错，因为这些远没有那些你做对的事情重要。好好思考前面三个你的孩子需要你回答的问题，那是你成为一个真正的好爸爸的出发点。开始努力吧，爸爸们！

第六章 | 成为好爸爸的五个技巧

对一个男人最严峻的考验，就是看他是否有能力持续致力于一项事业、爱护一个人，是否具有持续付出的能力。

无论你多么害怕成为爸爸，或你觉得当个好爸爸有多难，你永远都不应该气馁。因为你是你妻子和孩子们生活的中心，无论他们如何抱怨，他们都需要一个强大的人来依靠。在艰难的时候，他们需要一个有决心、有毅力的人，需要一个解决问题的人。妻子需要你这个丈夫，孩子需要你这个爸爸。你的孩子们需要你们两个人——妈妈是理解他们的人，爸爸是修修补补的人，不仅仅是机械方面的修补，而是针对所有事情。你们俩解决问题的方式完全不一样，这可能会引发很多冲突，不过孩子们两者都需要。妈妈们经常想要找出问题产生的原因，并掌握事情的所有细节。爸爸们则想要直接找出解决问题的方案。如果用橄榄球比赛来比喻的话，妈妈们想要谈论比赛，而爸爸们想要进场打球。

　　这个比喻并不是我发明的，我是从我的朋友本杰明·沃森那里借来的，他是巴尔的摩乌鸦队的球员。他是出色的爸爸，也是个好丈夫。他曾经跟我说："当一个好爸爸和当一个好的橄榄球运动员很像。教练告诉我们，如果专注于打球，而不是比赛，我们就更容易赢得比赛。对于爸爸来说，这个方法真的也很有效——关注你眼前的事，专注于手上的工作，问题会自行解决。"

　　没错。如果你想成为一个好爸爸，你要学习五个关键的技巧。这会帮助你赢得"这场比赛"，培养出幸福成功的孩子，并让你在孩子眼中保持英雄的形象。

技巧一：和孩子们一起玩

蒂莫西的爸爸是一名小镇医生，他每天都工作很长时间，蒂莫西见到爸爸的机会比他希望的要少得多。但是，当我和已经上中学的蒂莫西聊起他爸爸时，他并没有表现出愤慨和怨恨。其实，他很爱爸爸，还说长大后也想当一名医生。

蒂莫西告诉我："我知道大家认为我爸爸应该多在家陪伴我们，我也听妈妈抱怨过。不过，和爸爸在一起，我们过得很欢乐。

"上小学的时候，我夜里会起床，偷偷溜下楼，因为我可以闻到爸爸的雪茄味从院子里飘进来。我会和他坐在一起聊天，他教给我很多关于星座的知识。我爱那些夜晚，因为可以和爸爸独处。

"我妈妈觉得爸爸老让我和他一起熬夜，这让她很生气。有一段时间我晚上不敢再起来。后来，有一次爸爸对我眨眨眼，深夜坐在外面看星空就成了我俩的秘密，我们这样持续了几年。

"我们俩比赛看谁能最快找到星座。找到了，就得说出星座的名字，以及那个星座由几颗星星组成。有时候他会让我赢，而有时候他让自己赢。我很高兴他不会让我一直赢，因为这样我会觉得他让着我。"

在那次谈话的几年之后，蒂莫西真的进了医学院。我相信院子里的那些夜晚，真的在他的决策中起了重要的作用。

研究表明，如果男孩们和爸爸拥有亲密而温暖的关系，他们更容易成长为与爸爸相似的人。这很容易理解，对于大多数孩子来说，温暖、亲密的感觉来自于和爸爸一起玩耍的时间。一般情况下，爸爸们更有趣，这个事实可能会让妈妈们抓狂。但是和爸爸一起玩可以让孩子们挑战自我，树立自信心，这对孩子性格的塑造非常重要。

如果你耐心观察，会发现妈妈教孩子游泳时，通常都站在孩子前面，这样可以跟孩子进行眼神交流，鼓励孩子向前游，游到她们安全的怀抱里。相反，爸爸教孩子游泳时，通常站在孩子后面，这样孩子就不用面对充满同情的鼓励眼神，而是面对水的挑战。一种教导方式并不一定比另一种好，但这显然很有趣，因为不同的方式传达出不同的信息。妈妈对孩子说的是"你需要我的帮助，我在这儿"，而爸爸对孩子说的是"你要面对水，勇敢去游，我知道你可以做到"。

但更重要的是，爸爸比妈妈更善于在水里跟孩子们玩耍。这到底有多重要呢？保罗·雷伯恩（Paul Raeburn）的著作《爸爸是否重要？科学告诉的那些我们忽视的关于父母的事》（*Do Fathers Matter?What Science Is Telling Us About the Parent We're Overlooked*），提供了一些数据，说明爸爸跟孩子玩耍的益处：

- 在玩耍中，如果爸爸和孩子交谈，孩子的语言发展程度会迅速提高。
- 如果爸爸给孩子朗读图画书（从六个月大开始），孩子在十五个月时，表达能力会更强，到孩子三岁时，他的语言能力会很出色。
- 爸爸和孩子玩游戏，可以鼓励孩子勇敢地面对更多风险。
- 游戏过程中，孩子们需要稳定和安全感，也需要被激励和被推动。

● 如果爸爸用心和孩子们玩耍、给他们读书、带他
  们去远足，这样的孩子在青少年时期更少出现行为
  问题。

这些都是研究成果，但我也要从观察的角度告诉你，当孩子开心的时候，他们会本能地靠近爸爸，因为他们知道爸爸会把他们抛到空中，在他们的肚子上挠痒痒或是和他们在地上摔跤。孩子们喜欢爸爸玩耍时花样百出的想法。

如果你想培养出一个自信的孩子，跟他们一起玩耍吧。骑单车、练习接球、到处奔跑或游泳，这些游戏都适合爸爸跟孩子一起玩，这会舒缓他们的紧张情绪。

一个幼儿发脾气，一个儿童不愿努力学习，一个青少年开始放任自流，遇到这种情况，爸爸们就应该增加陪孩子玩耍的时间。孩子开始捣蛋时，陪他们玩就能解决问题。无论孩子处在哪个年龄段，晚上，你都可以多花些时间跟孩子更加亲密地相处。

技巧二：稳定

孩子们焦虑不安的时候，他们需要你保持冷静；在他们脆弱的时候，需要你保持强大；在他们恐惧的时候，需要你保持自信。在许多方面，这都是作为爸爸的责任。孩子们表现不佳的时候，一个强大、安静的爸爸，通常比情绪负担很重的妈妈更能解决问题。作为妈妈和儿科医生，我可

以这样说：女性比男性荷尔蒙的波动更强烈，她们也更容易被情绪牵引。

所以，爸爸要保持情绪稳定，永远努力去做理性、勇气和信念的代言人，用直接、可靠的方式搞定每一件事。这是孩子们对他们英雄的期待，也是他们和你的妻子对你的期待。

是的，男人们经常发脾气，我们都知道这一点。但是从另一方面看，对大多数男人来说，那些脾气只是偶尔会暴发。更多的时候，在我跟那些父母以及他们的孩子合作的时候，看到的是男人们在危机中可以出奇地冷静和专注。这就是一个爸爸的典范：稳定、可靠、专注。

技巧三：诚实

诚实对于孩子来说非常重要，而且影响深远。如果你想要赢得孩子的信任，你就要对他们诚实。

我知道保持诚实会很难，很多人都觉得纵容小小的善意谎言是一种友善的行为。但是，孩子们从来不喜欢听到谎言，即使对父母来说那些谎言充满善意。正如爱因斯坦所说，在孩子们心里："任何在小事上不认真对待真理的人，也不可能在大问题上得到信任。"没有什么比不诚实更糟糕，它会瓦解孩子对你的信任。

另一方面，如果你能说出实情，就是在教导你的孩子们，真实是无须害怕的。看到你讲真话时，他们看到的是勇敢，他们会因此向你学习，并相信自己也能面对任何状况。但当他们听到谎言时，他们会不自觉地告诉自己，你不相信他们有处理问题的能力，结果导致他们变得越来越恐惧和不安。信任、正直和真实是成为一个英雄，也是成为一个好爸爸的重要条件。做一个正直的男人，做孩子们信任的那个男人，做那个讲真话的男人。

苏妮从五岁起就是我的病人，而在这么长的时间里，我非常清楚她爱自己的爸爸。但是现在，她要去上大学了，有些事情变得不对劲了。我试着和她谈论大学里可能存在的危险，比如性、酗酒和毒品，然而她像患了强迫症一样，一直在谈论她的爸爸，谈论他们一起度过的所有美好时光——直到现在。

"苏妮，发生了什么事吗？"

"这么多年来，我们在操场上玩；这么多年来，我们一直都有爸爸跟女儿的约会。但他欺骗了我们！我仍然没办法完全相信，我真的不确定——我爸爸有另外一个女朋友。他背叛了我们所有人——我妈妈、我哥哥   所有人。"

"你是怎么发现的？"

"几个月前，我妈妈的一个朋友看到他和另一个女人打高尔夫球。她在高尔夫球场跟踪了一段时间，意识到他们不仅仅是朋友。她告诉了我妈妈，而我妈妈问我爸爸这是不是真的。

"他们总是有这样那样的问题，我是说爸爸和妈妈，但是我从来没想过我爸爸会做出这样的事。我只是感到很迷惑：我的生活是一个谎言吗？我爸爸爱过我吗？我的意思是，我们全家人一起外出、一起看电影的夜晚——他都是在假装吗？妈妈和爸爸试着解决这个问题，但是我已经不知道什么是真的，什么是假的了。"

后来苏妮认识到，她爸爸的外遇已经持续很长一段时间了。幸运的是，最终他离开了那个女朋友，努力对他的家人进行弥补，但是他面前的路很艰难。孩子们不再相信他对他们的感情，怀疑他的真诚。除此之外，他们现在怀疑所有过去深信不疑的有关爸爸的事情，这是一个合理的反应。

孩子的需求很简单，就是真实。如果你仍然想做一个好爸爸，最好的方法是真实地活着。

技巧四：坚定

作为爸爸，你需要做一个严格的纪律执行者。许多父母都想做孩子的"朋友"。我要在这里大声而清晰地宣告：你不是他们的朋友，你是他们的爸爸。我丈夫在家里是首要的纪律执行者，因为我讨厌冲突，而且很多妈妈都很难严格遵守纪律，因为她们的感情会妨碍这么去做。但是，纪律仍然是必要的，而且爸爸，你需要站出来，成为家庭规则的执行者。

现在，让我说得明白一些：成为一个坚定的纪律执行者，并不意味着严厉、批评、残酷、刻薄、伤人感情、吼叫、翻旧账、进行不合理的惩罚。好的纪律应该这样执行：

- 你是负责人（负责孩子和你自己）。
- 自我约束，保持冷静，这让你在做出回应的时候，仔细审慎、理由充分。
- 是就是，不是就是不是。
- 设定清晰、一致的行为标准，包括可以随着孩子年龄的增长，而不断扩展的界限。

如果你需要做一个纪律执行者，你要留出一些时间（可以是几分钟或几个小时），在这段时间内，避开充满疑问的孩子，好好思考一下什么纪律是必要的、适当的。其目标应该是严厉的爱，是为了让你的孩子受益，而不是打击报复。良好纪律的益处是：

- 让孩子更强大、较少自我纵容、更加自立。
- 提高孩子的自控能力，这对孩子各方面的发展都有益。
- 让孩子感到被爱，因为你在乎他们做的事，以及他们的表现。

许多年前，一位研究者对一些二十几岁的服刑男性进行了一项研究，他想找出这些男人的共性。

他发现，这些人都感叹：在他们成长的过程中，没有人对他们说"不"。尽管种族不同、阶层不同、教育程度不同，但这些人的相同之处就是小时候缺乏纪律，因为没有人对他们说"不"。所以，你需要做一个纪律执行者。

丹尼是三个女儿的爸爸，单亲爸爸，女儿们分别是四岁、七岁和九岁，他只有部分监护权。女儿们会和他生活一个星期，然后转到妈妈那里生活一个星期，这样轮流交替。他不知道要做什么，不知道在这种充满压力的情况下，如何成为三个小女儿的好爸爸。于是，他仔细研究女儿们，专心倾听她们说话，并且跟她们的老师了解情况。他喜欢跟孩子们一起玩，觉得这是很简单的事。但是制定规则，这看起来似乎有些困难，特别是他和他的前妻有着不一样的规则。我告诉他听从自己内心的感受。他希望得到指引，所以我给他提出了下面这些建议：

- 爸爸是负责人——不要在他的家里和他辩论爸爸的权威（但是要有耐心，提出问题，并倾听孩子们说的话）。
- 不能因为食物争吵——她们要和爸爸吃同样的东西，即使那些食物的花样不多。
- 不能因为发型或衣服争吵——爸爸跟孩子们一起去购物，购买那些让她们看起来端庄得体的衣服。
- 不可以无聊——周末要做有趣的事情。
- 确保孩子们在长大时有门禁时间。

他的工作是设定规则，并严格执行，保持耐心，保持和女儿们的谈话（和倾听），不要担心前妻怎么管教孩子，也不用管其他父母怎么管教孩子。

丹尼的妻子希望女儿们"愿意跟她在一起"，所以她允许孩子们为所欲为。在孩子们七岁的时候，她就给她们买了手机。她从来不要求她们在合理的时间上床睡觉，也经常让女儿们睡在自己的床上。如果孩子们晚饭想要吃三种不一样的食物，她就会为每个孩子做她们想吃的东西。

妈妈对待孩子的方式让丹尼很难办。女儿们到爸爸这儿来住的时候，心情都十分低落。"她们不会说很多话，除非是因为家庭作业和睡觉时间发脾气，否则我一般只能得到一个字的回答。"她们常会对他说："你很讨厌！妈妈从来不勉强我们这样做。"他也受够了，几乎要脱口而出：

"好吧，如果你们那么喜欢妈妈，就回到她那儿去吧！"当然，最后他没有这么说。他控制住了自己的嘴，抑制了自己的脾气。

这样过了两年，丹尼一直在跟孩子们的睡觉时间、家务、作业和顶嘴做斗争。但奇迹出现了。"有一天，她们到我这儿来住，感觉就像三个不一样的女儿。大女儿准备庆祝她十九岁的生日，我们策划了一个派对。大家集思广益去采购，然后举办了一个舞会。没有人尖叫，没有人抱怨睡觉时间，偶尔会有一些对作业的抱怨。但是除此之外，生活变得十分平静。我特别想问女儿们发生了什么，但我没有。

"这样的日子持续了几个月，又延续了几年。我也终于随着时间的流逝明白到底发生了什么事。孩子们不再和我吵架，因为她们信任我，知道规则是什么。而我觉得，她们终于意识到那对她们是有益的。我的大女儿率先明白了这一点，另外两个女儿紧接着也明白了。我想，在某些方面，孩子们在我这里会感到安全。她们知道我每天晚上都在家，知道她们必须怎样做；她们也知道，如果我要求她们做什么事的时候，并不是在胡闹。我从来不大喊大叫，但是当我说'不'的时候，她们知道如果不听话，手机就会被没收，或者她们就不能参加每周一次的足球练习，或者承担其他后果。这种办法很有效，她们似乎也希望家里有规则、标准、命令及管理。"

"她们当然希望有规则，"我说，"这让她们感到安全，觉得自己被保护着，也让她们感到被爱和被需要。每个女孩都希望爸爸能保护她。她们可以看透你的弱点，知道自己能操纵父母；知道你的诚实和力量以及规则意味着你在乎她们。"

女儿们慢慢长大，计划旅行时，她们希望爸爸带她们去。她们跟男朋友出现问题时，会给爸爸打电话。在她们的生活中，爸爸是一种可以依赖的、稳定的力量，只要爸爸有勇气去做那个纪律执行者，而不是试图去做女儿的朋友。

技巧五：持续付出

对一个男人的性格最严峻的考验，就是看他是否有能力持续致力于一项事业、爱护一个人，是否具有持续付出的能力。如果你结婚两年或三年了，你会明白婚姻远远不是蜜月的延长，而是一种付出。

孩子们同样需要学习这一点，生活中的许多事都意味着付出。我的大女儿找到第一份好工作时，她告诉我，我作为妈妈，没有及早提醒她工作是件多么无聊的事情。是的，嗯，这就是生活。总有一些日子你不想上班，或不想保持婚姻关系，或不想对你的孩子们和蔼可亲。但是，你无论如何都得继续做你该做的事，这便是你对工作、对配偶、对家庭的付出。

爸爸们应该是坚定、不轻易放弃的好榜样。英雄们从不放弃，他们会努力前进，会为了自己的目标和誓言竭尽全力，持续付出。

过去十年，我妈妈都住在我们隔壁。爸爸搬进养老院之后，我丈夫和儿子经常去帮我妈妈的忙。一天深夜，我丈夫接到一个电话，是我妈妈打来的。他悄悄对我说："你妈妈遇到了一些麻烦，我要过去看看。如果需要的话，我会给你打电话。"

第二天早上七点半，我醒来的时候，听到他回来了。他走进卧室，我看见他穿着牛仔裤。"出什么事儿了？"我问。

他说，我妈妈胸口痛，觉得很痛苦，他叫了救护车，带她去了医院，并陪了我妈妈整整一夜。他让我接着睡，即使他知道我第二天不一定要上班，而他却必须去上班。他仍然让我睡，自己照顾我妈妈。

三十年的婚姻，我觉得那天早上是我最爱他的时候。这就是付出。我儿子也目睹了爸爸的付出，因为他也听见早晨爸爸回到家，并无意中听到了我们的对话。就在我儿子去上学之前，我对他说："宝贝，你将来也应该这样好好爱你的妻子，千万别忘了。"

如果你希望儿子也这样付出，希望女儿嫁给一个会如此付出的男人，那就让他们看看你是如何付出的。

这些都是技巧，做一个诚实的男人，保持稳定，坚定不动摇。除此之外，永远、永远、永远不要放弃你的孩子或放弃成为一个出色的爸爸。赢得孩子的心是技巧问题，为每一种技巧制定简单的策略，并且专注于那些技巧。我保证，如果你能做到，肯定会成为孩子心目中的英雄。

第七章 | 出色的爸爸式沟通四要素

一句有力的话语，如果讲的时机恰到好处，就能让孩子受益匪浅。恰当的时候，就连你的一个眼神都有可能改变孩子的人生。

想象一下，看着你的儿子正在打全美冰球比赛，他在冰面上驰骋。现在离比赛结束只剩六秒钟，双方依然呈胶着状态：刚才对方球队射门，而你的儿子作为守门员，没有扑出进球，因为他滑倒了。看台上的观众发出一阵嘘声，你的心跟着沉了下去。赛后，你开车带儿子回家。一路上，你要对他说些什么呢？

你开车载着十一岁的女儿去上钢琴课，她情绪低落，闷闷不乐。她刚刚开始生理期，但是你并不知道，因为她妈妈没有告诉你。你的女儿全程都在抱怨她的朋友，而你善意地提醒她，她错了，不能轻易嘲笑别人。"什么意思，爸爸！你什么都不知道。我的意思是，有时候我就是觉得你很蠢！"这时候，你应该如何回应？

你的儿子快要高中毕业了，那天晚上是毕业舞会，你把自己的二手车借给他。而在凌晨两点钟，你接到了一个电话，是你儿子打来的：现在他正在警察局，而你的车已经完全报废了！你想对他尖叫——你会这么做吗？

我们所有人都曾经有过想对孩子或配偶说狠话的冲动。为什么？因为我们是人，都会犯错。我们会沮丧、会心烦、会生气、会恼火，会本能地做出反应。

不过，让我告诉你，并请你记住，作为一个爸爸，你的话会对你的家人产生巨大的、不可估量的影响力。你可能没有意识到，但你的妻子和孩子却能感觉到，因为你是家庭的"顶梁柱"。对孩子们来说，你永远都不只是一个愤怒、悲伤或沮丧的家伙，你是他们的爸爸。你说的每个词都具有伤害或治愈、压垮或鼓舞人心的力量。

当然，当别人在批评你或对你咆哮时，你很难做出冷静、自控、温和的回答，但还是请思考一下。我们不是都挺欣赏临危不惧的人吗？这是英雄才能做到的，就像平时少言寡语的人，低声说出几句话来，却比任何喊叫都意味深长。不仅如此，保持清醒意味着不能说出那些会令你后悔的话。你讲出来的话要能改善当时的局面，不会让你在清醒后觉得遗憾。

想想你自己的爸爸。他会鼓励你、很有耐心地对待你吗？还是会挖苦讽刺、怒气冲冲地骂你？无论他们当年是怎么做的，想想自己当时的感受。如果你根本没见过爸爸，把你对那个幻影的怒气放到一旁，做孩子心目中、也是你自己心目中的那个男人。坚定地做一个强大而善解人意的英雄爸爸，用智慧的话语和柔软的内心去塑造人生。

对于爸爸来说，你的孩子希望得到你的帮助，这是好事。就算每次你都把事情搞糟，或是大发脾气，或是说错了话，孩子们依然随时准备原谅你。如果你真的想继续前进，他们会不计前嫌；如果你能沟通得更好，他们会觉得你更加贴心。

把你讲的话当成一个项目来对待。你的嘴巴是有力的工具，但是就像身体的每块肌肉一样，它需要训练。所以，把它送到训练营去吧。你可能认识不到，如果你可以完全控制自己说的话，就会对身边的每个人产生正向的影响。如果你改变说话的方式，如果你可以克服愤怒、沮丧和焦虑等情绪，你就能享受更多的快乐。如果你怀疑我，请试验两个星期。每天对你的妻子、孩子或同事进行真诚的赞美。你会对这种赞美的结果大吃一惊，你和那些最亲密人的关系会更好，而你对生活和自己的感觉也会更好！如果你已经消极了很长时间，那你可能需要一个月或两个月的时间来改变状态。我保证，如果你能做到，一定会起作用。只要改变你说话的方式，就可以改变你的生活，以及你与身边人的关系。

爸爸是伟大的沟通者

一般情况下，女人比男人更擅长口头表达。但是在家里，你才是出色的沟通者。每一天，无论你在哪里，甚至你不在的时候，都要跟孩子们保持沟通交流。因为对孩子们来说，你的言行都是非凡的。

如果你不在，你的儿子会想念你，也可能责怪自己，而且他可能会感到不安全。你的缺位并不是小事。

如果你沉默寡言，让人觉得有距离感，你的女儿会认为你不在乎她。这对她来说也不是小事。

如果你下班回到家，解开领带，戴上棒球手套就跟孩子们玩接球，他们会对和你一起度过的时光感到欣喜（而你可能会更开心）。开心是可以传染的，它可以源于一个词、一个微笑、一个决定。

下面的例子可以解释沟通的重要性。

亨利的爸爸是个军人，经常被外派服役，派遣期通常是三到七个月。父母特意让五岁的儿子知道，爸爸只是临时离开，为了家庭和祖国，他有很重要的工作要做。这在一定程度缓解了对孩子的刺激，并且保护亨利，不会让他产生自己不被爱的误解。他仍然想念爸爸，也消除了爸爸有可能不回家的担忧，而且当爸爸回来时，他们会一起度过很多时光，以弥补他不在的那些日子留下的缺憾。

珍娜十岁，她的爸爸一般会留在家里，帮她装好午饭，送她上校车。如果爸爸早上很高兴，她就很高兴。如果爸爸因为她打翻了橙汁而生气，她就会担心一整天，即使在校车上和在学校，她的心情都是忧郁的，这是她告诉我的。当我把这个情况转告给她爸爸时，他感到十分惊讶。但是，这给所有的爸爸都敲响了警钟：你的言行、你的沉默对孩子们来说都很重要。

何塞知道爸爸爱看他踢足球，知道爸爸总会在场。如果爸爸看上去很放松，他也会感觉很放松；如果爸爸一直站在边线上，看起来很焦虑，他也会很焦虑。何塞的爸爸没有意识到，自己的站姿——两手插进口袋里或是胳膊防御性地交叉在胸前，都会对儿子产生影响。直到我提醒他，他才意识到这些对儿子的影响不可小视。

莉安娜十八岁，是高三的学生，正在申请大学。爸爸想让她念常春藤大学。虽然她的成绩很好，但爸爸对她的大学录取结果忧心忡忡，觉得她可能没有正确填写申请表，或没有跟进学校的录取工作。爸爸的反应让她感到很紧张，并试图回避与大学有关的所有话题。因为没有得到爸爸的鼓励，莉安娜发现自己开始拖延、担忧，不想考虑任何跟大学相关的事，因为她觉得大学给她带来了压力。尽管爸爸完全是为了她好，但爸爸不应该给女儿太多压力，而是应该对女儿表示理解，并且让她知道录取她的大学将得到一个非常优秀的学生。爸爸的关注点应该是女儿，而不是学校。

对爸爸来说，底线非常简单，你的话语、肢体语言，以及你的关注点，都会决定孩子每天的心情。你的孩子可能不会跟你说这些，但是作为医生，这是他们跟我说的真相。他们把你所做和所说的一切视为你对他们的反应，这反过来又会影响他们。他们的身份认知还没有完全形成，时常会通过你的反应来确定自己是谁。作为伟大的沟通者——爸爸，你应该确保自己反馈给他们正确的信息。

爸爸式沟通四要素

纠正、肯定、关注和尊重，是爸爸式沟通的四个基本要素。成功做到这几点时，你会发现跟孩子沟通变得容易得多。

◎ 纠 正

孩子小的时候，许多爸爸感觉自己要做的只是说"不"。因为两岁的孩子，大部分时间都是在蹒跚地走进危险的境地。你的责任是保护他们，这意味着要一遍又一遍地说"不"。

这时孩子们需要的关注和发的脾气可能是非常具有挑战性的。在孩子的生命中，必然要经过这一阶段，你要确保自己说"不"的时候，你的意思就是"不"，而且你不能说得太严厉，因为这会让孩子变得孤僻、闷闷不乐和愤怒。

我有一个建议，每当你纠正孩子的时候，你要使用尽可能少的词，因为你家的小不点只懂得几个词。随着年龄的增长，他会对长长的纠正演说置若罔闻。所有的孩子都会这样，因为如果你用令其感到羞愧、受伤和难为情的方式纠正他们，他们会进行自我防御，不想再听下去。使用更少的词，也能保证你把脾气控制在正常范围内。愤怒有一个升级的过程，所以你要让自己停下来，闭上嘴，离开房间（并且不要摔门）。

下面，我列举了一些场景，来说明"力量型话语"的作用。

你的孩子在路上跑——你刚跟他说完不要跑。

不要这样说："我无法相信你居然是这样一个坏小孩！我刚刚告诉你不要跑，你就跑到街上，你是故意气我吗？"

要这样说（用坚定的语气说）："再也不要这样做了！"同时跟孩子进行眼神交流。把他关进他的房间里，让他哭一会儿。你回来的时候，告诉他必须服从你和相信你，因为你要保护他的安全。

你八岁的儿子和妹妹发生了争执，并且打了她。

不要这样说："你真是个白痴！我一再告诉你不可以打人。你是怎么回事？为什么不听我的话？"

要这样说："儿子，你永远都不能打女孩子，永远——尤其是你的妹妹。你要被剥夺玩电脑/看电视的权利一个星期。"

你十岁的女儿被学校停学一天，因为她欺负了另一个女孩。

不要这样说："真是个糟糕的老师！我真不敢相信她认为你会做这样的事情！"

也不要这样说："我真不相信你会这么蠢，去欺负别人。

你是怎么回事？难道你不知道不能那样对待别人吗？"

要这样说：“你不应该欺负别人，这是错误的行为。你每天放学之后要立刻回家，我们要制订一个计划，帮助你永远不再做出这种事情。”

如果孩子在学校遇到麻烦，你要去和老师见面，找出事情的真正原因。不要只是本能地维护自己的孩子，因为如果你找借口让她免受责罚，她会觉得被纵容，以后会持续糟糕的表现。

同样，要避免点名辱骂。你可能永远不会说和你一起工作的某个人愚蠢，所以在家里也不要跟孩子这么说。关键是，永远不要贬低你的孩子，而是要去纠正他们。

你十八岁的儿子因为在高速公路上以每小时一百四十公里的速度行驶，收到了一张超速罚单。

不要这样说：“儿子，你这次真的搞砸了！我这么努力工作帮你买车，看看我得到了什么回报——就是一张罚单！你要自己交罚款！我是不会出钱的！你太没有规矩了，蠢货，我打赌你就是在炫耀！为什么你要向朋友们炫耀？这比超速还要蠢。只有傻瓜才会这么干！”

要这样说：“儿子，我允许你开车，是因为我相信你可以做出成熟的决定，但是你没有。你要自己支付罚款和车子的保险等额外费用。把车钥匙给我，很抱歉，你要被禁驾一个月。”

你发现儿子的背包里有七项没有交的家庭作业。

不要这样说："你在干些什么，上学是闹着玩吗？你居然没做完作业！你是怎么回事？你以前可是一个聪明的孩子。接着这么干吧，你永远也进不了大学！"

要这样说："儿子，我需要和你谈一谈。我发现你有七项家庭作业都没有交，这是为什么？"

执行纪律要求你控制好自己的情绪。遇到事情时，永远先做一次深呼吸，记住你的目标是简要地、有效地纠正孩子，而不是恐吓、威胁他们，或是贬低他们。对孩子咆哮，会转移他的注意力，不再关注自己的错误而去关注你的怒火。如果你知道自己脾气很差，那么，请在开口之前留一点儿时间平复情绪。

当一个好爸爸是一门学问，如果你能在工作上控制自己的脾气，就能在家里控制脾气，肯定是这样。如果做起来有点儿困难，你只需要再努把力。我给爸爸们介绍几个方法：用不带情绪的、客观的方式（你可能用在工作上的方式）接近孩子们；持续关注未来，跟孩子保持开放的对话模式，不要让孩子因为害怕父母的再次训斥而沉默不语。底线是，如果你让愤怒凌驾于你和孩子的关系之上，就会毁掉一切，包括你自己，因为你也会生自己的气，并且将孩子的错误迁怒于自己，而这些错误其实只是他们不懂事。所以，做个深呼吸，用耐心、冷静和爱去纠正他们吧。

◎ 肯定

爸爸们都非常擅于肯定女儿，但是并不那么擅长肯定儿子，因为觉得没有必要。然而，儿子和女儿都需要你的口头肯定。在肯定他们之后，你也会感觉更好。

我说的肯定是什么意思呢？意思是让孩子们知道他们对你来说有多么珍贵。孩子对你来说是珍贵的，因为他们是你的孩子，大多数情况下他们依然需要你的帮助。

为了表达你对孩子的肯定，使用我所说的"力量话语"，可以帮助孩子建立、塑造性格。例如，告诉你的儿子他很强壮、友善、能干、有耐心、有爱心、讨人喜欢、善解人意、聪明、有勇气、坚忍或顽强（选择一种），并确保发自肺腑地说："我赞扬你、尊重你、爱你、相信你、在乎你、对你有信心。"

这些是简单的肯定话语，你可以随时表达。如果你想迅速跟孩子们建立亲密关系，频繁、真诚、真实地使用有力量的话语，不需要任何甜言蜜语（甜言蜜语会削减有力话语的持久力）。

下面这些词是你应该极力避免的：愚蠢、没用、懒惰、混蛋、懦夫、妈宝、肥胖、丑陋，等等。也永远不要说：我再也受不了你了、真希望你从来没出生、我恨你、我不喜欢你、我无法忍受你、我再也不想看到你，等等。

你和孩子们的每一次对话都会让他们感觉更好或更糟。因此，请努力让每一次对话都产生好的影响。

爸爸经常调侃孩子，直呼其名或"取笑"他们。但是请思考一下，无论什么时候你讽刺或调侃，在言语之下永远都有一丝真实。也就是为什么人们要通过调侃的方式来述说一件事，因为他们对真相感到有一些不适，所以，他们想让表述变得有趣。但是，我从来没见过一个孩子享受被爸爸调侃。另一方面，我和许多孩子聊过，他们因为爸爸的取笑而感到很受伤。我的建议是：不要讽刺你的孩子，这么做风险太大了。一句亲切的话语可以起到意想不到的正面作用；一句有力的话语，如果讲的时机恰到好处，就能让孩子受益匪浅。恰当的时候，你的一个眼神都有可能改变孩子的人生。

◎ 关 注

从你第一次抱着宝贝女儿的那一刻起，她就渴望得到你的关注。随着她的成长，她会紧紧抓住你的每一句话——甚至一句简单的"早上好"——并且持续感知你的在场或不在场。

你的儿子希望你观看他的第一次体育比赛，或聆听他第一次长号独奏，或和他讨论他最喜欢的电影，或在下班之后陪他玩接球游戏。

你和孩子们的关系取决于你给予他们的关注，他们渴望你的关注，也渴望和你分享对他们来说重要的事情，因为你是他们生命中最重要的人。

萨姆是独生子，他的父母从来没有结婚。小学时，他在爸爸和妈妈家轮流生活。之后，他爸爸搬走了，他只能和妈妈生活在一起。他不想跟妈妈住，但是因为爸爸的新工作需要经常出差，他就必须和妈妈一起生活。萨姆和爸爸的关系十分亲密。他们经常去河边钓鱼，他喜欢和爸爸一起在拖车后面的小院子里玩接球，非常怀念那些夜晚。萨姆告诉我："我们说的话不多，不过跟爸爸一起玩接球，让我觉得自己正在进行重要比赛前的热身，感觉很特别。"

爸爸离开之后，他感到很失落。爸爸给他打电话，尽量跟他保持联系。但是爸爸大部分时间都在海外，有时他们几个月都无法通电话，电子邮件和信件是他们唯一的联系方式。"一段时间后，我觉得我变得越来越悲伤。我感到空虚，就像我生活中丢失了一些很重要的东西。我尽力不去想这件事，或是想到我爸爸，我在学校努力学习，尽可能多地帮妈妈干活。"

萨姆上初中的时候,有些事还是无法避免地发生了。他的成绩下滑,开始抽大麻、酗酒。后来他选择离家出走,这让他妈妈感到绝望,最后他干脆退学了。在那些日子里,他妈妈告诉我她感到十分震惊。她的好孩子到底怎么了?她很绝望,所以联系了萨姆在海外工作的爸爸,恳求他回来帮忙。最初,萨姆的爸爸说他没办法回国,他的工作要求苛刻,而且团队正缺少人手。但是她持续打电话,说她担心萨姆。最后,萨姆的爸爸终于回国了。当萨姆看到爸爸的时候,表现得非常愤怒,充满防御心。萨姆不愿让爸爸失望,他感到羞愧。但是爸爸并没有对他吼叫,只是让他回来,住在他那儿,并重新进入萨姆的生活。随后的五个月,萨姆的生活开始改变。萨姆没有去看心理医生,他妈妈希望他去看看,但他只是尽可能和爸爸待在一起,他们又开始玩接球游戏。

萨姆的爸爸花了很长时间才明白,他的在场或缺位都会对儿子产生巨大影响。不知为什么,他认为自己从来没有和萨姆的妈妈结婚,也就不必离婚,因此,他觉得他的离开不会伤害萨姆。他希望萨姆明白他是因为工作而离开,不是因为儿子做错了什么事。但是,孩子们却不这么想,爸爸和妈妈就是爸爸和妈妈,无论他们是不是结了婚。如果他们分开了,对孩子来说就会造成创伤。无论如何,孩子们都需要爸爸。我目睹这样的悲剧一次又一次地发生。在完整的家庭里,通过父母对孩子的关注可以治愈或预防的行为问题,在爸爸缺位的家庭里却难以避免,这个数据是庞大的。每一个女儿都希望得到爸爸更多的关注,如果她不能在一种建设性的、和谐的关系中得到这种关注,就希望从与爸爸或其他男人的破坏性的、不和谐的关系中得到它。同样,每个儿子也都希望得到爸爸更多的关注,如果他得不到,他会像萨姆那样发生改变。

在这里，我提供了一些给予孩子关注的重要方法：

进行眼神交流

你和某人交谈时，如果他们不看着你，会让你觉得不被尊重。如果他们转而看着手机，这会让你感觉自己不够重要。当你不跟孩子们进行眼神交流时，这也正是他们的感受，而且这种感受的强烈程度要放大十倍。所以，进行眼神交流，认识到一两分钟的深情投入通常可以满足一个孩子的心理需要；而忽视孩子，孩子们的挫败感就会不断积累，并在未来某个时刻暴发出来。

少说话，多倾听

妈妈们喜欢谈话，爸爸们却更加强壮、安静，这是爸爸的优势，这意味着你可以做一个很好的倾听者。女孩们也喜欢聊天，而如果你是一个好的倾听者，你的女儿就会告诉你许多事情。男孩们不喜欢说话，所以在那些安静的时刻，就像萨姆一样，可以和他爸爸一起钓鱼，或一起玩球。这对构建健康的亲子关系更有效，胜过那些强制的对话。讲一句离题的话，男孩们尤其反感反复说教。对他们来说，行动绝对比语言更有用。如果你想要在某方面引导他们，你只要向他们展示如何去做就可以了。

你的底线就是，保持有空，保持投入，做一个好的倾听者。这样，你的孩子就会在你的关爱下成长得更加快乐而自信。

把一分钟变成一小时

孩子们有一点非常可贵——时间对于他们来说是有魔力的，时间的质量和长度可以根据情形的不同而改变。你陪伴他们度过一点点有意义的时间，给他们足够的关注，他们便会在脑海里把这段时间自动延长。这意味着如果你每天花五分钟跟女儿聊天，她会觉得在成长过程中你一直陪在她身边，随时准备着和她聊天，分享她每一天的生活。每星期花上几个小时和你的儿子一起钓鱼、玩接球，或制作飞机模型，会让他充满愉悦感，感觉和你在一起度过了开心的时光。你的孩子会终身保留这些记忆。

◎ 尊 重

实际上，某一时刻，每个爸爸都会有一个瞬间，感觉他的孩子并没有给他足够的尊重。听到孩子们把他们出色、聪明、善良的爸爸说成"愚蠢"或"失败者"的时候，我感到十分震惊。我看到他们翻白眼，显然是对爸爸的话感到愤怒或鄙视。

显而易见，一部分原因是现在的文化比过去更粗糙、更愚钝、更通俗，这在我们的孩子身上也体现出来了。

另一部分原因是我们相信自己不能，或不想对此做出努力。你下班回到家，感到很疲劳，最不愿意做的事情就是跟孩子争吵，即使你觉得他们行为粗鲁。也许你觉得他们年纪还小，你希望跟他们在一起的时光是充满欢乐的，所以你认为自己必须容忍那些粗鲁的行为。

有些爸爸不去纠正孩子的行为，因为他们认为所有的孩子都是那样讲话的。而我觉得，尽管很多孩子都是那样，但作为爸爸，你不能给孩子的粗鲁行为开绿灯，如果你希望他们将来尊重自己和他人，就必须从尊重你开始。

教导孩子们学习尊重，不一定要跟他们吵架，你不必表现得像个教官那么严苛。你也不应该那么严肃，因为只有用强大、坚定、充满尊敬的语气讲话，才能获得同样的回应。孩子们尊重力量，而自控是力量的一个出色范例——如果你的孩子在你身上看到了这种力量，他们会效仿你。

所以，如果你希望得到尊重，那么必须先尊重你的妻子和孩子。你尊重他人的言谈举止，能教会孩子尊重是什么，以及怎样做才是尊重。

接受一个月的挑战吧，做到不抱怨，不消极评论，每天称赞你爱的人，并且看看在你这样做之后，亲子之间的感觉是不是更好。我想，你们会发现尊重能够催生尊重。甚至幼儿（两岁、三岁和四岁）都可以学习，也需要学习，说"请"和"谢谢"，并在说的时候进行眼神交流。好的举止要从小培养——什么时候开始都不晚。

纠正、肯定、关注和尊重，是那些大师级的爸爸沟通的四个原则，而且它们会彼此强化。当你纠正孩子时，不要气冲冲地讲话，而应该尊重他们（如果你的纠止不带愤怒情绪，孩子们的感知会更深刻）。当你肯定孩子的价值观、价值意识时，最好看着他们的眼睛，这样他们就可以感受到你的真诚。如果你措辞讲究，目标是成为一个尊敬的、专注的、深情的、肯定的爸爸，并在必要的时候，冷静、理智地引导他们，那么你一定会成为孩子心目中的英雄。

第八章 | 向孩子展现勇气是什么

一旦你的孩子明白他们的生命很重要，而且有意义，你就可以用适合他们年龄的方式去挑战他们，让他们变得充满勇气。你可以说"我知道这很难，但是你可以做到"，要教导他们接受挑战，而不是回避；教导他们讲出事实，并坚持事实；教导他们为自己的行为承担责任，包括负面的行为，并在适当的时候接受公正的惩罚，而不是试图逃避……

英雄的标志是勇气，你作为爸爸的一个任务便是教会孩子如何充满勇气地生活。

充满勇气与身体的强壮和智力的高下（当然力量和智慧可以帮助提升勇气）毫无关联。它是指拥有内在的刚毅，无论个人能力有多大，都要努力去做正确、真实和高尚的事情。

有勇气的男人会抑制自己的恐惧，避免将焦虑传递给他人。他们从来不让恐惧阻止自己去做正确的选择，不让借口挡住必要的行动。

有勇气的男人会设立标准、遵循标准，并执行标准。他们不仅是勇敢的楷模，还是自律、自我约束、不屈不挠的楷模，能从经验中汲取智慧。

有勇气的男人不会在社会弊病面前低头，他们愿意站出来说："够了。"那么多不负责任的行为；那么多爸爸抛弃他们的孩子；那么多人在鼓励不良行为的流行文化面前妥协；那么多没有榜样的儿子和没有保护人的女儿慢慢长大，并陆续为人父、为人母……不负责任会带来负面的结果，负责任会产生正向的结果，一个好爸爸就能改变一切。尽管单亲妈妈可以像钉子一样坚强，但她们永远无法像爸爸那样保护女儿。男孩可以爱他们的妈妈，但也尊重荷尔蒙，他们需要有勇气的男人站出来，要求他们遵守规则，并向他们展现什么是真正的勇气。

"不" 的力量

作为爸爸，你拥有的最伟大的力量是说"不"，你也应该有说"不"的勇气。让我举一个例子。

有一段时间，弗兰克在他儿子德鲁的足球队担任教练。德鲁极具天赋，两年之后，弗兰克就意识到他已经没有什么可以教儿子的了。

德鲁的表现太抢眼了，因此他在高一就被招募进了大学足球队。德鲁知道爸爸以他为荣，即使弗兰克的举止通常严厉而不动声色。

德鲁告诉爸爸，大学校队队员八月的训练是强制性的，必须参加，他爸爸却坚持认为跟家人一起度暑假也是强制性的，而且更重要。

德鲁想，如果不去训练，可能会丢掉加入大学校队的资格，教练可能认为他没有担当或不认真，朋友也会嘲笑他，这些都让他感到愤怒、难堪和忧虑。当他告诉教练要缺位八月的一周训练时，教练把他踢出了大学队。德鲁把这件事告诉了爸爸，爸爸并没有退缩。"嗯，"弗兰克说，"那是他的损失。"

在接下来的三个星期里，德鲁拒绝和爸爸说话。他想过离家出走，但是他没有，他还是和家人一起去旅行了。

接下来的那个夏天，又出现了同样的情况。全家去度暑假，德鲁错过了一个星期的训练营。即使教练最后把他留在了校队，并且允许他补上落下的训练时间，德鲁依然因为愤怒拒绝和爸爸说话。

德鲁高中毕业后，在甲级联赛踢了一年球。之后，他决定专注于学业。大学毕业之后，他在一家工程公司找到了一份很不错的工作。

有一年冬天，弗兰克打电话给德鲁，传达了一个坏消息。他的妈妈患了乳腺癌，而且是晚期，医生说她的生命只剩下不到一年的时间了。德鲁感觉整个世界天旋地转，他爱他的妈妈。妈妈在德鲁的整个高中和大学阶段都跟他关系非常亲密，并且一直鼓励他、支持他，尤其是在他和弗兰克有矛盾的时候。他不知道没有了妈妈，生活会变得怎样。

　　接下来的六个月，德鲁只要有时间就开车回家，跟妈妈在一起。但是正如医生所预言的，妈妈在一年之内去世了。

　　"回顾我的高中时代，"德鲁告诉我，"我非常欣慰和妈妈在一起的时间很长。我永远没办法让她回来了。最后，我觉得我理解了，那些夏天爸爸为什么坚持让家里所有人一起去度假。当时，他简直把我气疯了，其他校队队员的父母也认为他很可气，但是现在，我特别感激他把我留在了家人身边。他让我有更多的时间跟妈妈和兄弟姐妹在一起，那几个星期非常特别。是的，我生爸爸的气，但是在内心深处，我珍惜和每个人相处的时间。"德鲁停顿了一下，"我队友的父母那么讨厌我爸爸，是不是因为他们嫉妒他？"这对于一个年轻男人来说是非常卓越的见解，我看得出来，德鲁从痛苦的经历中学到了非常重要的人生经验，学会了什么是真正重要的，什么不是。他很感激爸爸能够教导他。

　　"我知道这听起来很疯狂，但是我很高兴，在跟家人一起度假这个问题上，我爸爸对我们每个人都很严厉。这是我能为家人做的事，并一定会努力。"

　　对德鲁的爸爸来说，坚持每年一次的全家集体出行和接受儿子无声的愤怒都是需要勇气的。但是，在对错位的优先权说"不"的同时，他给儿子上了精彩的、受益终身的一课。

勇气和真相

在一个流行文化泛滥的社会中，坚持做正确和高尚的事并不容易。我很幸运，因为没有受到流行文化的操控，我只做医学科学和临床经验教给我的、对孩子们最好的事情。三十多年来，我研究孩子们的需求，为成千上万个孩子提供心理咨询。我非常清楚什么能够帮助他们，什么能够伤害他们。能够帮助孩子们的事总是正确和高尚的，而那些能够伤害孩子们的事总是错误和自私的。爸爸应该用道德勇气引导孩子们。

我是爸爸的伟大拥护者，因为我知道爸爸对孩子来说有多重要。我知道爸爸们很勇敢，会做出自我牺牲；我也知道，在总是无法把握真相的文化中，你们在家庭中扮演的角色经常会被批判和诋毁。

当父母们问我可以看什么电影、玩什么游戏时，我通常会说"爸爸最清楚了"。爸爸具有保护家庭的本能，知道孩子应该看什么电影，不应该看什么电影；知道十五岁的女儿上学或去舞会的时候应该穿什么衣服；知道优先考虑家庭时间有多么重要。那么，是什么屏蔽了你作为爸爸的直觉呢？我想那并不是缺乏勇气，而是缺乏对什么是正确、什么是错误的认知。很可能是因为你被灌输了这样的观念：认为说"不"是错误的。也许爸爸并不是最了解情况的，而你也不得不屈服于堕落的文化，但永远不要相信那些贬低你的话。你是爸爸，是英雄，你要鼓起勇气，为正义而战；要不惜一切代价，为你的家人挺身而出。

我知道这可能很困难，尤其是在关于性和道德观念方面，因为社会上曾经被认可的正确标准已经完全颠覆了。被颠覆的性观念和道德观念并没有任何科学依据，而只因为我们传统文化和反传统文化正在进行一场大战，并且反传统的力量在青少年中还比较强大。在我的工作中，我看到悲剧每天都在上演。当我刚开始行医时，要担心两三种性传播疾病，现在这种疾病超过三十种，这是美国医学史上不会公开的传染病。不宣传是因为这是被许多领头的公共机构和"健康"项目援助和支持的，他们推广避孕药或避孕套，并把它们作为灵丹妙药，而且鼓励性行为和实践，这是非常危险的。

文化可能会让人疯狂，但是作为爸爸，你不可以疯狂。你希望自己的孩子们安全，不希望女儿在大学里随便交男朋友。当说到儿子时，你希望他们成为强壮、有礼、出色的人。你有道德良知，对什么是对、什么是错具备内在感知，而我鼓励你好好利用这一点。如果你需要帮助，下面是我学到的一些引导孩子们的方式方法。

正确的是：

- 对父母和其他成年人，言行举止都表现出尊重是正确的。
- 对兄弟姐妹和同伴表现出尊重是正确的。
- 期待父母满足自己的基本需求是正确的。
- 努力工作，并重视辛勤工作是正确的。
- 学习与他人在社区里共同生活（例如在学校或在体育队里）是正确的。
- 懂得要融入家庭，认识到家人不会围着他们转是正确的。
- 把身体视为灵魂的庙宇，而不是可以随意伤害或毁坏的东西是正确的。

- 在户外玩耍、呼吸新鲜空气、奔跑、游泳和享受
  乐趣是正确的。

- 乐观地梦想未来是正确的。

相反，也有一些我视为对孩子们来说错误（或有害）的事情。

错误的是：

- 认为以自我为中心是一件好事是错误的。

- 对父母或其他成年人表现出赤裸裸的不尊重，这
  是错误的。

- 故意伤害他人是错误的。

- 讲粗话是错误的。

- 性滥交是错误的。

- 懒惰是错误的。

- 欺骗、撒谎和偷窃是错误的。

- 因种族或宗教差异轻视他人是错误的。

- 在电子设备上花费的时间比和家人在一起的时间
  还多是错误的。

- "体验"毒品是错误的。

- "体验"不同的性身份是错误的。

如果孩子们去做"正确"清单上的事，他们会成长为具有高尚品格、负责任、工作努力的成年人。如果他们照着那张"错误"清单去做，可

以断定他们会变成"问题孩子"，无论是身体、心理、社交还是经济方面都会出问题。我的清单并不绝对，你和你妻子当然可以制定适合自己孩子的清单。但是要确立标准，并且时刻为他们待命，因为那些标准是孩子未来的保护伞。

无论你的孩子是两岁、三岁，还是五岁或十岁，你做出的决定都非常重要。但是，不要掉进陷阱里——父母经常会犯这个错误——不要认为你们的儿女看起来已经那么像成年人，个子比你还高，所以他们就不再需要你了。事实上，你十几岁的儿子现在比以往任何时候都需要你。他需要看到的男子汉气概是勇气和坚忍，他需要知道不要跟随帮派，不要随随便便就喝醉酒或抽烟。如果你有一个漂亮的十六岁女儿，你就需要时刻警惕，审查她潜在的男朋友，让她知道那些男孩应该把她作为女士来尊重。可能看起来她完全不在意你的建议，甚至在你阻止她和某个男孩约会时，她一下摔上了卧室的门。但是恭喜你，说"不"需要很多勇气，而且那正是你的女儿所需要的，这也是对她的尊重。我保证，随着你的女儿慢慢长大，她会感谢你，靠近你，最终会尊重你，因为她感激你的力量、你的引导，以及你的生活智慧。正是这些，保护了她远离错误，甚至可能是严重的错误。

当勇气意味着沉默

传统的英雄经常是少言寡语的强壮男人。

尽管几十年来，人们一直鼓励男人应该宣泄自己的情绪和感受，不过实际上有许多想法或感受不便于分享，反而应该被压制。勇敢的人训练自己忽略这些想法或感觉，他会控制自己的脾气、自己的吸引力（性和其他方面），隐藏沮丧、失望或绝望的情绪。他会按照自己内心的道德准则生活，不把自己的问题强加给他人，也包括不让自己的感觉或想法支配自己，更不会随波逐流。

优秀的男人把道德真理放在情绪诱惑之前。无论我们讨论的是语言、思想，还是行为，都是如此。我知道，这个建议很难被采纳，但这是作为一个男人，一个成功的男人，一个英雄的男人需要遵循的行为模式。我们需要这样的男人。脆弱的男人通常会屈服于自己的感觉，并且总是因此感到痛苦，但他们最终会对其脆弱感到懊悔；而强大的男人会因遵守道德准则生活而感到自豪。如果我们给一个男人打分，这一点的占分比重很大。它意味着无声地忍受儿子的愤怒和其他家长的恶语相向，就像德鲁的爸爸那样。那种坚忍、自制和安静的自信是做一个英雄爸爸的重要条件。这是一种力量，如果你拥有这种力量，就能给你的孩子更多的支撑和正向的引导。

沉默——爸爸那种强大的、自我控制的沉默——可以发挥巨大的能量。在这个以自我为中心、喧嚣浮夸的时代，自我克制和安静的勇气是一种稀缺的美德。

勇气、真实和你的孩子

然而，爸爸有时候会由于错误的原因而沉默。他们相信这样一个谎言——孩子们永远不会听父母的话。

如果说我在三十多年的心理咨询过程中，对所有年龄段的孩子有什么共同认知的话，那就是孩子们一直都会听父母的话。你告诉儿子他的分数太低，需要努力改进，他会听你的。他可能不会立刻提高自己的分数（尤其是如果你经常说他笨），但是他会把你的感受放在心上。如果他因为学习问题，或其他自己无法控制的问题而没法提高成绩，他会对自己非常失望。但是如果他可以提高，他肯定会的，即使那要花费不少时间。试着用鼓励来代替说教，这样会加快孩子提高成绩的速度。说出你想说的话，然后继续向前；不要喋喋不休地重复那些消极的话语，要找出鼓励他提高的方式。

如果你有一个女儿，她并不是天生丽质，你要非常非常小心。如果她无意中听到你评论她的身材、相貌，或把她和别的女孩做比较，这对她自我价值感的伤害可能需要好多年才能愈合。你说的话都很重要。多关注你女儿的性格力量，你们的关系会变得更亲密。（这也能提醒她，性格才是真正重要的东西。）

当一个爸爸讲话时，他说的话会印在孩子心里，因为如果你说了消极的话，它会有力地强化一个孩子的自我怀疑，孩子们会认为你说的是真的；反之，如果你说了积极的话，这些话就可以鼓励孩子，让他们看到希望，变得更加自信——只要确保你的赞美是建立在事实的基础上，因为孩子们都是鉴别谎言的专家。

兰迪是四个孩子的爸爸，他在一家大型咨询公司工作，每周都需要出差。星期一早上，他会坐上飞机，飞往另一个大城市。在酒店里住四个晚上，然后在星期四飞回家。他的日程安排总是很紧张，对他的家人来说，这不容易接受。兰迪在家的时候，会努力和孩子们待在一起。他出差的时候，会通过电话和网络视频电话跟孩子们保持联系。

他的儿子泰克不喜欢爸爸这么频繁地出差，但是他接受了这个事实。他知道，爸爸是为了家人而努力工作。他尊重爸爸的职业选择，而爸爸也会抽出时间来带他去看冰球联赛，周末带他去滑雪。

高中时，泰克的表现非常优秀，并被一所颇有声望的大学录取了。大学第一学期的圣诞假期，泰克回家时，我问他这个秋季学期过得怎么样。"有好有坏，我觉得。我真的喜欢学习，而且我交到了一些好朋友，但其他事情还是让人很痛苦。"

"其他事情是什么？"

"你懂的，酗酒、性。这真的失控了。"我对于泰克的坦白并不感到意外。来我这儿咨询的孩子长到十几岁时，我就会重点跟他们讨论性和性行为；我还告诉他们所有医学研究都肯定的事实——他们推迟性行为的时间越长，越有可能避免感染性传播疾病（以及临床抑郁症，这一点应该引起重视）。

"我希望我感到惊讶，"我说，"但是我没有。"作为一名儿科医生，我非常了解大孩子们是怎样度过他们大学的第一年的。我知道现在一般的大学氛围什么样，而那对孩子们来说并不太理想。

他说："真正困扰我的是，在迎接新生的活动中，学校告诉我们，每周都会给每一个学生（至少是男生）发放七个免费的安全套。如果想要更多，就得付钱。我的意思是，这伤害了我的自尊心，他们就这么肯定我们是没有自控能力的动物吗？"

我为这个年轻人感到骄傲。他有独立思考能力，有抱负，有道德感，没有随波逐流，并且充满勇气。他相信性是婚姻的一部分，而不是一种派对游戏。

正如我跟他的父母所说的，他知道安全套可以对人乳头瘤病毒（HPV）或疱疹之类的性传播疾病提供一点点保护，但是学校并没有就此警示他和同学们。这并不是罕见的现象，大多数大学都不给学生讲有关性的真相，而只限于分发宣传材料。

有意义的是，并不是只有我一个人试图让泰克抵制这种做法。他爸爸也这样做了，而且做得更有效。作为经常出差的商务人士，兰迪开诚布公地跟泰克讲述了自己看到的一些事情。"你知道，"泰克说，"他总是在出差，而且看到许多工作伙伴都表现得很愚蠢，在酒吧里沉迷于女色，或是有外遇并毁掉自己的婚姻。我尊敬爸爸，因为他告诉我的都是赤裸裸的真相，而远离这些诱惑正是他生活的准则。因此，我觉得学校的做法侮辱了我，他们想让我反对爸爸教给我的一切。爸爸能远离诱惑，我也可以做到。我爸爸让我等到结婚，而且他对我妈妈也是忠诚的。这难道不是更好的方式吗？为什么校方不教导我们这样做？"

这是个很好的问题，泰克很幸运，他有一个勇气十足的爸爸，为他树立了榜样，并勇敢地说出了真相。

泰克的故事有一个圆满的结局。这个强壮的年轻人很快成了一名职业运动员，并有了自己的幸福家庭。

让你的孩子充满勇气

作为父母，我们希望孩子们可以为他们自己挺身而出，对那些来自糟糕的同龄人的压力说"不"，对那些心里并没有远大志向的人说"不"。

孩子小时候，我们告诉他们不要和陌生人说话；他们长大一些，我们提醒他们警惕酗酒和毒品的危害。

与此同时，我们却经常鼓励青少年，像他们的朋友一样融入圈子，因为我们不想让孩子感觉自己被孤立，从而遭受被疏远和自卑的痛苦。

但作为爸爸，你应该知道，随着孩子慢慢长大，他们不需要再向同伴寻求认可，而是转向你，需要得到你的认可，因为你是他们长大后的榜样。尽管人们普遍认为，来自同龄人的压力会对青少年产生最重大的影响，但所有研究都表明，这绝对不是真的。对孩子的自尊和自我价值来说，来自爸爸的肯定、接受和关爱，远比从同龄人那里得到的表扬重要得多。最懂得自我肯定、最自信的青少年都跟父母有着良好的关系，尤其是当他们有一个积极、投入、强大的爸爸时，他们会更自信。

如果你希望孩子拥有抵抗同伴压力的力量，那么，作为爸爸的你必须强大起来，向你的孩子传授正确的价值观，并通过你的一举一动向他们展示勇气是什么。

我在这里提供给父母一些方法，可以让你的孩子充满勇气。

◎ 教导他们真正的价值来自哪里

孩子们需要知道他们具有内在的价值。父母，尤其是爸爸，是要教导他们的人。永远不要让孩子怀疑他们对你来说是否重要。让他们相信自己的价值是独立存在的，并不依附于任何成就、天赋，或他们的朋友圈；他们的价值来自成为你的儿子或女儿。要不厌其烦地告诉你的孩子这些，尤其是当他们成为青少年时。大多数青少年一直对他们的相貌、能力感到不安全和不适。你只要告诉他们你爱他们，而且他们对你来说不可取代就可以了。把事情简单化，保持真实，并且要持续对他们说这些话。这能有效避免孩子们冒险尝试有风险行为（从医学角度讲，青少年性行为风险系数最高）。通常，跟父母保持良好关系的孩子，必然有一个用勇气和真理指引他们的爸爸。

◎ 和孩子谈论如何成为充满勇气的人

一旦你的孩子明白他们的生命很重要，而且有意义，你就可以用适合他们年龄的方式去挑战他们，让他们变得充满勇气。你可以说"我知道这很难，但是你可以做到"，要教导他们接受挑战，而不是回避；教导他们讲出事实，并坚持事实；教导他们为自己的行为承担责任，包括负面的行为，并在适当的时候接受公正的惩罚，而不是试图逃避（让你的孩子逃避惩罚总是会树立非常糟糕的先例）；教导他们为自己的信念保持高大、有礼貌和坚定的姿态。

当孩子表现出自己的勇气，比如当你读高中的儿子跟他的化学老师谈起自己考试没及格，当你读高中的女儿制止了一个逼迫她发生性关系的男孩……这种情况下，你要祝贺他们，祝贺他们做了正确的事，并让他们知道，你为他们感到骄傲。

◎ 讲述你自己的故事

没有什么比你自己亲身经历的故事更吸引你的孩子，比如你如何走出逆境，如何努力学习并节省学费，或你的坚忍如何收获众多的职业生涯回报……这能给予你的孩子更多的勇气。他们很想听听你是如何坚持自己的价值并抵御诱惑的。你跟儿子谈话时，最关键的是教导他们学会自我控制。如果你在婚姻内，这可能会稍微简单一些，因为你的儿子有你这样一个好榜样，能够向他展示忠诚在婚姻中意味着什么。如果你是个单亲爸爸，这可能难一些，但绝非没有可能。关键是强调善有善报，强调色情虽然可能无处不在，但却是一种恶习（也是危险的行为）；强调一个男人应该通过自控的力量和坚持道德的生活来证明自己的勇气。这是一项艰难的任务，因此也是男人面临的真正挑战。事实是，如今因为性疾病的传播，性生活混乱会更加危险。告诉他们你理解诱惑的存在，但也要教导他们不要屈服于诱惑，这很重要。如果你的过去也坎坎坷坷，你可以模糊地一笔带过，因为就你的青少年子女而言，他们总是相信地球上有两个人在性方面不是那么积极，而你就是其中一个。相信我，他们不希望听到你的那些丰富经历。

你的女儿需要一种不同的、不那么直接的教导方式。她们不会想听你是如何被诱惑的，因为她不想看到你跟性相关的任何事。作为异性，这让她们感到奇怪，尤其是你是一个单亲爸爸。所以，你可以跟女儿谈论你希望她们做的事，她们如何才能（而且必须）在处理年轻男人的问题上充满勇气，但是不要谈论你自己。记住，你是她们的英雄和保护者、守护神和智慧源泉。在她们眼中，你永远不应该是一个被荷尔蒙驱动的青少年。

◎ 活学活用

孩子想要模仿他们的英雄，而你就是头号英雄。女儿需要看到当你的妻子朝你发火的时候，你控制了脾气；儿子需要看到你拒绝说谎。他们不必听到你和朋友开玩笑，说你在纳税或工作上如何作弊。对他们来说，那根本不是玩笑，这会轻易毁掉你这个好榜样。

有时候，最好的榜样做起来也是最艰难的。当你的孩子想要你通融时，你要坚持原则。我听到过许多父母懊悔自己屈服于孩子们的愿望，因为他们只是不想争执。不要这样做，这对孩子们来说通常会产生负面影响。

几年前，我和一个单亲爸爸格里格交谈过。他有三个女儿，最大的十四岁。他十四岁的女儿上了一所私立学校，成绩很好，擅长运动，是学校里的明星人物。但是格里格碰到一个难题：女儿朋友们的父母。

周末，女孩们会在其中一个人的家里定期开派对，让格里格惊慌的是：只要她们交出汽车钥匙，家长就允许不到法定年龄的孩子喝酒。

格里格不想让女儿参加这种派对，但是她恳求他，告诉他如果自己不去，别人就会认为她被孤立或失败。当然，他不想让女儿有这种负面感受。他也和别的父母谈过，而那些人告诉他，他们只是比较现实：孩子们无论如何都会喝酒的，至少在这里，他们会受到监督，并且不允许开车。

格里格告诉我，他感到自己"别无选择"，只能让女儿去参加派对。他讨厌女儿喝酒，而且同意她去参加派对，让他觉得自己屈服了。在一次这样的派对上，一个男孩想要引诱格里格的女儿，她把他推开了。那天晚上稍晚的时候，那个男孩生气了，把她一个人逼到角落里，差点儿强奸了她。她吓坏了，而且不想告诉爸爸发生了什么事。

在这次袭击事件发生几个月之后，格里格才知晓。他想起诉那个男孩，但是这就意味着告发主持派对的家长。他觉得自己陷入了巨大的混乱。最糟糕的是，这件事已经给他的女儿造成了精神和情绪上的伤害。

爸爸们，如果你读了这本书之后只能记住一件事，那就是为你的孩子站出来，鼓起勇气去做正确的事，无论代价多么惨重。你要帮助他们战胜自己，帮助他们远离那些只想对他们作恶的人。如果格里格有勇气对他漂亮的女儿说"不"，现在她就不会有挥之不去的伤痕——让她不再相信男人，这其中也必然包括她认为不够爱她，所以没能保护她的爸爸。女孩们陷入麻烦时都会有这样的想法。她们仰仗自己的爸爸，而且想知道为什么她们的爸爸，她们的保护者，最后让她们失望了。女孩们这样做，是因为她们把她们的爸爸视为英雄。请永远切记这一点。

任何一位爸爸都能坚守有勇气地生活，而你的孩子值得你为他们做出任何牺牲。勇气是一种美德，勇气的拉丁语"virtus"意思是"成为一个男人所需要的气概、精神或力量"。如果你允许，勇气可以让你成为一个男人；更重要的是，让你获得孩子们的认可，并确保你的儿子和女儿有机会成为有勇气的人。做那个充满勇气的英雄爸爸吧！可能刚开始时，孩子们不会表现出来，但慢慢地他们会因为你的勇气而尊重你，当他们长大成人时，他们会对你表示感谢的。

第九章 | 父爱无可取代

出色的爸爸温暖、平易近人，希望保护自己的孩子免于一切伤害。布莱德利的继父每天晚上都来看他有家不回的儿子，确保他在沃尔玛的停车场上是安全的。

你可能希望自己是世界上最富有、最聪明的人，希望自己是电影明星、拯救生命的医生、世界上最伟大的投手、四分卫或篮球运动员，甚至是美国的秘密特工或总统。但无论你会成为什么样的人，最终都请你不要辜负"爸爸"这个称呼！

以父之名

作为爸爸，你对孩子是不是平易近人，是不是温柔又亲切呢？你的和蔼是否给了他们安全感呢？如果你自己的爸爸和蔼可亲，并且经常在家，你可能会对这些词语非常熟悉；如果你没有碰上那么好的爸爸，你可能会感到不适并充满防御心。如果你和你爸爸关系很差，那么，暂且把他放到一边，你可以成长为你心目中的好男人。一个好爸爸，前提是只要你有耐心。

布莱德利来自一个破碎的家庭。他记得爸爸离开之后，许多个夜晚，妈妈是如何在哭泣中入睡的。不用说，这对于一个年轻的男孩来说是痛苦的记忆。当布莱德利十岁的时候，他的妈妈再婚了。布莱德利的继父是一个非常好的人，但是布莱德利很难接受他成为自己的爸爸。他认为继父是一个外来人，不是家庭的真正成员，总是巴不得他离开。

十五岁的时候，布莱德利学坏了。他的成绩一落千丈，他妈妈跟老师和心理医生都谈了话，尽最大可能来帮助他。他的继父也同样竭尽全力与布莱德利建立感情，带他去看棒球赛，并提议带他去钓鱼，但布莱德利拒绝了所有提议。因为毒品糊住了他的脑袋。最终，父母给他下了最后通牒，要么回归正常的生活，要么就离开家。他立刻给出了答案——离开家。

他从一个朋友家流浪到另一个朋友家。偶尔，他也会回家正常地生活一阵子，但会再次出走。十七岁时，他有了一辆车。这一次，他觉得自己要和这个家永别了。布莱德利告诉我："当我十七岁离开家的时候，并没有那么害怕。我之前也有过无家可归的时候，知道自己能活下来。也许我只是在拿自己开玩笑，但是我相信某个地方会有某个人欠了我什么东西，只要我得到它，无论那是什么，我就会没事的。

"那段时间，我照常去上学。放学之后，我会和一些朋友在一个废弃的球场投篮。到了夜晚，我会开车到沃尔玛的停车场，待在露天区域。我吃的食物是从学校悄悄塞进背包里的，这就是我的晚餐。然后，我会睡在汽车后排座椅上的睡袋里。我会不会害怕？会的，我还是个孩子。每个夜晚，当我看到一辆车驶过来，并且慢慢减速时，都会害怕。最后虽然车没有停下，但我真的很害怕。我很确定无论那辆车里是什么人，他都会对我图谋不轨。有一天，我见到了一个一起打篮球的朋友，在一次毒品交易中，他被一个年长的男孩打得遍体鳞伤，就在那个时刻我心中的某根弦突然崩断了。我已十七岁了，但是我害怕了。我知道被打的那个人有可能会是我，于是我决定回家。"

布莱德利开车回了家。妈妈看到他的一刹那，热泪盈眶。他请求留在家里，妈妈同意了。布莱德利坐在自己的卧室里，听到妈妈给他的继父打电话。过了不到一个小时，他的继父就回来了。

布莱德利看到他继父时，哭得像个婴儿。他的内心充满了羞愧、懊悔、尴尬和无法形容的愤怒。布莱德利知道，他之前的表现就像一个欺负好人的混蛋。可是他的所作所为都是为了什么，布莱德利真的不知道——只知道毒品让他去偷窃，并且又让他去购买更强力的毒品，让他夜里睡在沃尔玛的停车场，让他一直担心自己被打，或发生更糟的事，这一切都是因为他对那个时候的自己还无法解释的一些东西感到愤怒。

布莱德利的继父静静地听着儿子的故事。"爸爸，"布莱德利说，"我真的很害怕。许多夜晚，我都无法入睡，会看到车灯闪过我的车顶，觉得那些人会来杀了我。还有，当我看到我朋友满是淤青的脸时，真的被吓到了。我知道我必须回家。"

当布莱德利告诉继父所有的事情时，继父说："你的妈妈和我都很爱你，布莱德利。我知道你不相信我，但这是真的。你的爸爸很久以前就离开了你，尽管我不是他，但我一直把你当作我亲生的孩子一样疼爱，这是我对你那么严厉的原因，我不能坐视你用毒品杀掉你自己，没有一个好爸爸会这样做。布莱德利，每天晚上你都看到车灯了，对吗？那是我的车灯。"

出色的爸爸温暖、平易近人，希望保护自己的孩子免受一切伤害。布莱德利的继父每天晚上都来看他，确保他有家不回的儿子在沃尔玛的停车场上是安全的。布莱德利的爸爸非常出色，他保护着那个失控、愤怒的男孩，允许儿子自主选择，但是他总是在默默地照顾着他，随时准备迎接他回家。

责任和尊敬

在思考爸爸身份的时候，我们应该恰当地想到责任。

当你诠释作为爸爸的责任的时候，你的孩子会非常开心。为什么？因为那是英雄做的事。他们总是矗立在那里被别人仰视，总是尽职尽责，并且永远不会让人失望。

承担责任经常会把你和孩子们分开来，因为你要处理他们尚未准备好处理的事情，孩子们也喜欢看到你这样做。许多父母并不理解：孩子希望父母是负责任的成年人，而并不愿看到父母像孩子那样做事。孩子们希望家里有一个可靠的成年人，一个具有智慧和经验的人，可以保护他们，这样他们便有了依赖。他们的安全取决于你的责任感。

可能对你来说，具有责任感并不是什么了不起的大事，但对孩子们来说却至关重要。当你坚持到底，完成了自己的承诺，他们会认识到可以相信你；当他们可以相信你的时候，他们就会敬仰你；当他们敬仰你的时候，也就会尊敬你。孩子们的尊敬，对于你们之间良好关系的建立是至关重要的。

儿子们会模仿他们尊敬的榜样。如果一个儿子认为他的爸爸软弱、无法依靠和健忘，就会远离爸爸。但是信任爸爸的儿子会与爸爸更加亲近，并知道爸爸是可以依赖的。这会让孩子们发自内心地尊敬爸爸，并由尊敬而模仿他们的爸爸。

我的丈夫顽固、意志坚定、偶尔会缺乏耐心。他是一个虔诚的信徒，他的爸爸也是。不过我们刚结婚时，我也看到了他们明显的区别。

作为一个小镇的内科医生，我的公公没日没夜地工作。他会出诊，为寡妇、儿童和囚犯服务，而且还会去做临终关怀。似乎他生来就是通过行医去帮助他人的。

作为孩子，我的丈夫会赞美他的爸爸是一个勤奋工作的人，但是这也意味着爸爸不能像他希望的那样经常陪伴他，他们几乎没有在一起做过什么事情，因为我丈夫极度热爱户外运动，而他爸爸却不感兴趣。

当我公公的肺纤维化突然恶化，即将不久于人世时，我丈夫陪着他，睡在他床边的简易床上。我公公当时只有七十岁，他给我丈夫的医疗工作提供了很多有价值的建议。

我公公去世后，我丈夫慢慢变得更像他爸爸。他在森林里度过的时间变少了，把更多时间花在了工作上。他也会出诊，帮助正在服刑的人，在当地的慈善流动厨房做志愿者。

我亲眼见过这样的事情也发生在另一个男人身上。在爸爸去世后，许多儿子都变得更像他们的爸爸。我认为这是因为儿子对爸爸的尊敬和钦佩在爸爸死后更加强烈，在被迫接受爸爸的死亡，并承认爸爸的全部力量之后，爸爸会继续活在儿子心中。

你的孩子要长大成为健康的成年人，他们应该尊重你。尊重不是靠命令得来的，而是通过行动赢得的。你需要通过自己的行动，向孩子们展示你是一个英雄。

有些爸爸很出色，不过他们允许孩子像跟同学聊天一样跟自己聊天。我听到有的孩子对爸爸咆哮，直呼其名，或是丢给他们讥讽的眼神。不要让孩子这样对待你！这是错误的，无论对你还是对你的孩子。我见过有些爸爸，他们会为自己的过失向孩子道歉，他们原谅孩子对他们大喊大叫。我也见过非常优秀的男人一动不动地站着，允许他们十几岁的孩子说他们是"傻瓜"或"混蛋"。

对于大多数现代爸爸来说，让孩子保持适度的恐惧，这种观念仿佛很陌生。但是，适度的恐惧是一件好事，因为那正是敬畏和尊重的标志，是在真正的"法官"面前不想犯错的表现。没有适度的恐惧感，孩子会变得缺乏敬意，而一个缺乏敬意的孩子当然不会感受到对爸爸的爱，也很可能不会相信他，因为他觉得爸爸很软弱。永远不要让孩子用他们的语言或行为贬低你。宽容并不是理解、同情或与他们"建立联系"。事实上，你对他们越软弱，就越不能达到他们心目中对爸爸的期望。

每个优秀的爸爸都应该激发孩子们的敬畏感，因为这是英雄会做的事情，也正是你需要做的事。只有这样，孩子才能成长为有礼貌，且对长辈充满敬意的成年人。只有这样，他们才能学到什么是他人能接受的行为，什么不是。你是他们的道德老师，而道德老师不会纵容或消极地容忍粗鲁、带有侮辱性、粗俗和错误的行为，那只会让他们长大后变得粗鲁、以自我为中心和不负责任。好好教导你的孩子，因为无论是好是坏，他们都是未来的希望。作为父母，你的孩子需要你的精心照料，你们有责任引导他们走上正轨。

被约束的力量

力量和责任永远是相互关联的。

男人们拥有力量，身体的力量当然包括在内，但还需要有以解决问题为导向的认知力量。

在一个男人身上，来自力量的责任与自控有关。一个男人需要控制自己的脾气、性冲动、想法和行为。过去，我们的文化更传统的时候，做到这一点相对比较容易，因为男人应该注意自己的语言、举止，穿着要得体，要履行男人的职责。即使在流行文化的影响下，每个男人拥有的自控力也不会变。它就在那儿，像一种良知，只是需要被执行。

对被约束的力量的最佳定义及其重要性的描述来自一名军人——罗伯特·李将军。李将军不仅因勇敢和胆识过人而著称，同时他还是一个智慧而可亲的人。他写道：

> 有节制地使用权力是一块试金石，一个人享有凌驾于他人之上的某种特权，才是对绅士的真正考验。

强者之于弱者，雇主之于雇员，受教育的人之于文盲，经验丰富的人之于轻信的人，甚至聪明人之于傻瓜——对所有这些权力或权威的克制，或不恶意地使用，都会让绅士的品格一览无余。

如果你想知道如何成为一个优秀的爸爸，如何用榜样的力量引导你的孩子，向他们展示什么才是真正的男子汉气概，那么，你必须成为一个"有节制地使用权力"的绅士——用简洁的话语维持纪律，而不是喊叫，其诀窍全在于此。

作为爸爸的一项最大的回馈是，你的孩子越觉得你有勇气、谦卑、有耐心、自控又温暖，他们越希望将这些品质变成自身的品质。

孩子把你视为他们的英雄，以你为榜样开启自己的一生。保持那些优秀的品质比你想的可能更容易。你可以从具有责任感，或者从成为你心目中的那个爸爸做起。如果你答应儿子，星期四下班后和他一起玩接球，就一定要做到。

保持温暖、富有爱心和平易近人的态度也很重要。对孩子来说，你可以只是简单地降低声音和他们聊天（这会让你显得没有那么可怕），进行眼神交流，并且认真倾听他们说的话——请略过戏谑和讽刺，这只会拉开你们之间的距离，起不到促进情感的作用。你要尊重孩子们的想法和感受。他们信任你，所以不要辜负这份信任。你要设立与孩子年龄相适应的规则，包括门禁和穿衣，这强调了你有多么在乎他们，而且你希望他们是安全的。最后，展示一个英雄的自控能力。你可能觉得孩子也许注意不到，但其实他们真的注意了。他们看得到你的弱点，以及你犯的错误，但是他们同时也会注意到你在尽力避开诱惑；你在克制情绪避免发火；你会拒绝醉酒，因为酒精会让你走路不稳，或发生不测（这会吓到孩子们，或让他们难堪）；你也拒绝观看在道德上令人反感的电影或表演。你不去做某些事，不去说某些话，对孩子们来说，你的自我约束甚至比行动更有力量。

最重要的是，对你的孩子保持信任，相信他们。一个爸爸的信任可以鼓励孩子勇敢地生活。

法弗雷在进入美国职业橄榄球大联盟名人堂的获奖演说中，讲述了他与已故爸爸的深切感情。在高中时，爸爸是他的教练，"不喜欢赞扬，却爱挑毛病"。在橄榄球训练之后，爸爸经常留下来锁门、关灯，然后他们两个人一起回家。

在法弗雷最后一场高中比赛中，他无意中听到爸爸告诉其他三个教练："我可以向你们保证，我儿子会打得很好，他会反省自己。我了解我的儿子，他有这样的能力。"

那些信任的表达对法弗雷来说意味深远，是爸爸的信任改变了他。

从那一刻起，他尽自己所能，让爸爸以他为荣。法弗雷在他的演讲中望向天空说："爸爸，我希望你知道，在我职业生涯余下的所有时间里，我都在努力反省自己。"停顿了一下之后，法弗雷又说，"我希望我做到了。"说完，这名伟大的橄榄球运动员泣不成声。

没有什么可以取代爸爸的爱。"爸爸"是一个如此重要、意义如此深远，又如此充满希望的字眼。就像法弗雷的爸爸一直在照看着他一样，不要辜负你的孩子，努力成为一个好爸爸吧！

第十章 | 英雄的成功三要素：毅力、原谅和参与

孩子们做的许多事都会伤爸爸的心。无论你是一个出色的爸爸，一个疏远的爸爸，还是一个一年只见孩子几次面的爸爸，都会有许多瞬间让你深信，你的儿子或女儿真的不需要你。我倾听过成千上万孩子的心声，我可以明确地告诉你，你感受到的他们的拒绝，并不是针对你的，那只针对他们自己，以及他们尴尬又不容易表达的感受。

在第三章中，我们谈到了迪克，他和他残疾的儿子里克一起参加了铁人三项赛、马拉松。有一次，在一场自行车跑步组合穿越美国的赛事中，他们在连续四十五天内行进了六千公里。

但这只是故事的一部分。医生们曾经告知迪克，他的儿子无法去学校学习，但迪克和里克父子证明了他们说的不对。如今，里克是一名波士顿大学的毕业生，虽然只能坐在轮椅上，但作为一个学生，他仍然可以独立生活。

迪克从未阻止医生或老师告诉他儿子真相，就像他告诉我的那样："当我看着里克的眼睛，我就知道，他理解周围的人在说什么。"

即使学校不接收里克，他的父母仍然教会了他字母和数字，不断地为他阅读，并联系一所大学，让他们专门为里克设计了一台计算机，让他可以借助它敲击文字。迪克说："我从来没有忘记他写的第一句话，那时我们正在观看波士顿棕熊队的比赛，里克在显示屏上写下了'加油棕熊队'。我们看到后激动得几乎哭了出来。"

我问迪克："你或里克在比赛时有没有觉得筋疲力尽而想要放弃呢？"

他立刻给出了答案："从来没有，一次都没有。"他告诉我，"没有人可以像我和里克一样彼此亲近。"

迪克作为爸爸的人生可以概括为两个词：爱和坚忍。迪克对儿子的爱造就了他的坚忍，这让父子俩的人生都变得更精彩。那不仅仅是跑马拉松，是在医生告诉他儿子的病情毫无希望时，当比赛机构（最初）拒绝他们参赛时，他仍没有放弃自己的儿子。迪克从来没有接受过"不"这个答案。他为儿子奋斗，为每一次比赛奋斗。我在所有强大的爸爸身上，都看到了毅力这个好品质，它是一个男人可以拥有的最佳品格之一。这是使一个爸爸获得胜利的力量，这是让你能够完成比赛的力量，也是你的家人可以依赖你，并与你患难与共的原因。

每个爸爸都可以像迪克亲近里克那样亲近自己的孩子，因为每一个爸爸都能够付出同样的爱和坚忍。迪克这样告诉我："其实很简单，只要带你的孩子去看电影，或和他练习投球就可以了。"他绝对是正确的。和你的孩子亲近起来非常简单，你要做的就是保持投入，并且坚持下去。

面对挑战，英雄百折不挠

找点儿时间，想象一个你认为是英雄的男人（或女人）。他可能从不放弃，也可能是会做别人都偷懒逃避的艰难工作的人，无论遇到什么障碍，他都是那个决心继续前进的人。

每个男人都有这样的品质，我可以把这样的品质归结为一个词——毅力。但是，很少有人真正认识到毅力的全部潜能。太多男人只是闲散度日，等待着别人牵头，他们不是认为不必努力就能获得成功，就是觉得成功是不可能的。

因为社会变得更加多元、开放，男人在家庭中作为首脑的地位也发生了微妙的变化。许多男人感觉到无须对妻子或是孩子付出，无须领导他的家人。相反，他们等待女朋友说出什么时候结婚，等待妻子决定什么时候生孩子，他们让妻子领导家庭。在重要决策时与配偶合作绝对是正确的，但一些男人完全放手了：他们认为妈妈是家庭的中心，而爸爸的角色只限于赚取家用和不要挡路。

但对于一个真正的爸爸来说，这并不是英雄之路。这不是大多数妻子想要的丈夫，也不是孩子们想要的爸爸。他们想要一个可以审时度势，知道需要做什么，并且可以为了正确和美好的事而付诸行动的英雄。每个孩子都渴望有一个像迪克·霍伊特那样乐于奉献的爸爸，都想要一个有毅力的爸爸。这样的爸爸随时都乐于陪伴孩子玩耍，倾听他们的心声。所有的孩子都想要这样一个爸爸，他可以肩负起成人世界的重担，这样孩子们就能在爸爸的羽翼下快乐成长。孩子们想得到你的保护，想要你的领导力，想要你坚不可摧的爱和承诺。

如果你被疲劳打败，或者你受制于忧郁的心情，抑或你在工作中或在家里懈怠，你的孩子都会注意到的。他们想要一个自律的，无论如何都会献身前行的爸爸；他们希望你成为一个英雄。最终，这也是你想要成为的人——把他人放在首位的英雄。

约翰·丹尼是迈阿密海豚队的一名长发球手。作为一个拥有十二年职业生涯的球员，他知道在一个疯狂的世界里保持头脑冷静和沉着的重要性。约翰是一个成功的丈夫、爸爸和职业橄榄球运动员。只要和他交谈，你就能够感觉到他的谦逊、温和与出色。在任何时候，他优先考虑的都不是自身、自尊或自己的职业，而是他的家庭。他简单讲述了父母如何成就了他的美德，因为他们要求他尊重他人，热爱生活，并把他人的需求放在自己之前。

他的父母辛勤工作，并且深爱自己的孩子们。与跟我交谈过的其他球员不同，约翰的家庭关系非常亲密，他拥有幸福的家庭生活，也很享受和父母及父母的朋友在一起的时光。

我感觉到，他对那些会让许多橄榄球员堕落的诱惑具有免疫力，我问他是如何做到的。

约翰告诉我："老实说，直到我大学毕业，开始打职业球赛之后，我才知道人们说话可以那么粗鲁。"

"你的意思是，你在高中和大学都没见过表现糟糕的孩子吗？"

"我知道这让人难以置信，但我的确没有碰到过。我的父母对孩子和其他人都充满尊重，他们的朋友也是这样。我大学时的情况也一样。"

"现在，你觉得你父母是在肥皂泡里把你抚养成人的吗？"

"是的，但那是美好的肥皂泡。我知道他们对我的期待，也知道我父母对他们自己的期待。在我们还是孩子的时候，父母从不要求我们去成就他们没有成就的事业。爸爸为所有人制定规则，我们都会遵守。他是一个勤奋得让人难以置信的人，而且他也真的始终如一。"

有一个词抓住了我的注意力：他的爸爸始终如一，为孩子和他自己都制定高标准，年复一年都是如此。卓越的爸爸就是这样塑造和引导卓越的儿子的。

爸爸训练他总是走艰难的道路——努力工作，学会自律和自制，对正确和真实的事物保持忠诚。

养育一个像约翰·丹尼这样卓越的男人需要一个英雄的爸爸，这很艰辛，意味着与周围文化的原则相悖。但是，约翰的爸爸是智慧的，他选择让自己和家人与志同道合的朋友交往。他把家庭放在第一位，工作放在第二位。

约翰的爸爸拥有最重要的美德——勇气。他有勇气按照自己的原则和信念生活，而不是跟随流行文化的潮流生活。他是一个引导者，并不是拥护者。

我问约翰，他对自己孩子的希望是什么。他说："我希望他们长大之后可以留意关心其他人，不希望他们变得以自我为中心，我也希望他们要能够体会到他人的需求。同样，我希望我的孩子能够独立和自力更生，希望他们努力工作，就像我的爸爸向我展示的一样。我努力工作，走出了自己的路；而我希望孩子们能向我们学习，这样他们就不必依赖他人，很多事情自己就可以做到。"

作为一名职业球员，约翰可以让孩子们的生活很优越。但是，他没有宠坏他们，因为他珍惜爸爸给予他的礼物：良好的职业道德和对他人的关爱。

毅力和原谅

让我们诚实一点：没有人会赞美一个逃兵，包括你的妻子和孩子。当你的家庭生活出现了麻烦，他们期望你去处理。这意味着采取主动，即使主动只是争吵之后的简单和解。孩子没有一定的认知能力，不能和你势均力敌地争辩，但是他们渴望在和你争吵之后恢复他们在你心中的形象。同样，你可能更想让你的妻子提出和解，她和你的孩子总是指望你先主动和解，他们并不是期待你先承认错误，只是本能地指望你作为引导者，作为英雄，说出治愈的话语，做出治愈的行动。

说出"我很抱歉"是困难的，尤其是如果你的爸爸从来没有这样对你说过。但是，你的词汇表里有几个词很重要，比如"我爱你"，它们会在孩子的生活中产生巨大的影响力。那些词非常有力，因为那是责任的陈述和爱的证词，作为英雄，你不要害怕使用这些词汇。

或许每个爸爸都在一定程度上伤害过他的孩子，这是不可避免的。也许你在不恰当的时候对他们咆哮了；也许你做出了现在感到后悔的讽刺性批评；也许你忘记了去观看孩子的足球赛；也许你在儿子的生日派对上迟到了或完全错过了；也许你由于离婚感到伤痛而搬了家；也许你抛弃了你的女儿，因为你认为她的妈妈没有你会生活得更好……无论你做了什么，也无论你对儿子或女儿造成的伤害多么深，和解首先需要你承认自己所做的事。唯有通过和解，才能把你从对孩子的愧疚中解放出来，拉近你们之间的距离。

愧疚可以压垮出色的男人。如果一个爸爸拒绝承认自己的错误，他会独自生活在羞愧和受伤的黑暗世界中；如果你抛弃了自己的孩子，看在孩子和你自己的分上，现在就去跟孩子和解。你需要直面最糟糕的错误，你可以从原谅自己开始，因为你不可能改写过去。但你可以尽力补偿自己伤害过的人，以及你做错的事。

当你和一个孩子或十几岁的青少年和解时，面对面进行眼神交流，并且不要分散注意力。即使这样，孩子们通常也不会立刻回应。如果你的孩子假装没听见你说的话，甚至对你发火，这都很正常。原谅爸爸（或妈妈）都需要时间，所以要给孩子时间。

重要的事情——非常重要的事情——是孩子知道你在乎他们。你的父母之爱是永无止息的，无论你过去犯了什么错误，而且将来你当然还会犯错，因为你是一个人。

让我带你窥视一下孩子的内心世界。内心受伤的孩子很可能表现得很糟糕。一年级的小学生在感情受到伤害的时候会哭泣、说难听的话，或对父母（或其他人）发火；那些感到孤独、悲伤或焦虑的青少年经常在家里表现恶劣。如果你十三岁的女儿摔上了门，并拒绝拥抱你，这不是因为她恨你，更有可能是她恨自己。孩子们会不知道如何表达自己的感受，也许那些感受会以奇怪的方式宣泄出来。比如拒绝做功课，或者生闷气。让我再强调一次，永远不要认为孩子的行为是针对你的。无论那个孩子是两岁、十二岁还是二十五岁，大部分情况是你的孩子可能受伤了，或者感到困惑，或者只是不成熟，并且不知道该如何表达自己的想法。这都不是你的错，但是你可以帮助他们。

作为一个英雄，你要冷静地面对你的儿子（或女儿），为你对他们造成的伤害而道歉。如果你可以，请把具体的情况说出来。如果孩子内在的痛苦对你来说是个谜，那你可以让道歉的话涵盖面更广泛全面一些。又或者你跟孩子的负面情绪根本没关系（或至少不是完全相关），但是你的道歉也会让孩子觉得宽慰，会起到治愈作用，而且效果会比你想象的更好。

我知道，要求一个孩子原谅并非易事。许多爸爸都看不到这个需求，或认为作为爸爸他们不会做错什么事；或觉得如果他们伤害了孩子的感情，那是因为孩子们的表现差劲，他必须这么做。爸爸们当然不想让孩子在争论中占据上风。

勇敢地站出来道歉是需要付出巨大的努力的，因为家庭内部的和解比赢得一场争论、捍卫自己的清白，或捍卫自尊更重要。如果你把和解当成头等大事，并且有勇气道歉，那么你会变得更强大，而不是更软弱，因为你已经征服了自我；你的孩子会更加仰慕你，因为他们知道你在乎他们，也知道道歉有多难。

　　我的爸爸是一个勇敢的人，并且被迫忍受了很多事。在他六十五岁左右，他出现了早期的阿尔茨海默病症状。目睹这一切是令人心碎的。痴呆虽然让他卸下了愤怒和坏脾气，但是在他生病早期，当意识到这是怎么回事时，他经常哭泣，有时候会持续好几天。接着，他的病情加重了，像个孩子一样在房子周围到处游荡，有时候他会问自己的卧室在哪里。

　　最终，他开始因为一个简单的笑话反复大笑，这在某种程度上，让我们更加容易忍受这种疾病了。他不再是他自己，我可以从他的眼中看到幸福的光芒。我们可以一起散步，一起交谈，一起欢笑。

　　我永远也不会忘记那一天，我们在一起散步。他蹒跚地走着，一边走一边扶着墙，从走廊一直走到敬老院的大厅里。我挽着他的胳膊，我们正在谈论一些愚蠢而无关紧要的事情。突然，他停了下来。我很吃惊地问："爸爸，你怎么了？"

　　他看了我一眼，说："我现在真的在这里了。"我十分惊讶。然后，他说出了一些更不寻常的话。

　　"梅格，"他开口说，"你能原谅我吗？"他的话让我震惊。我看到眼泪从他的面颊上滚落下来。我不记得他做过什么事需要请求我原谅，但还是说："嗯，是的，爸爸。是的，我原谅你了。"他听了并不满意。

　　"不。你——你能原谅我吗？"

　　"噢，是的，爸爸。我原谅你，我当然原谅你。"我自己也泣不成声地回答。

　　"但是妈妈呢？她也会原谅我吗？"

　　"噢，是的，爸爸。我肯定她也会原谅你的。"

　　很多次，我们站在大厅里，他扶着墙，我扶着他。接着，他哭了起来，而我不知道他的想法，但我可以看出他正在精神上处理一些对他来说非常重要的事情，而我在其中只是秘密地参与了一点点。

他的泪水干了，我们又开始散步。过了不到十分钟，我们又讨论起无关紧要的事情来，比如地毯的颜色，比如他前一天晚上是不是付了晚饭钱。但就在那几个他询问原谅的时刻，我看到了爸爸的灵魂深处，而且明白了原谅对于男人，对于爸爸，甚至对于英雄是多么重要，因为爸爸对我来说一直都是英雄。

无论你是谁，无论你的生活怎样，你都需要了解原谅。对于你身边的每一个人，尤其是对你的孩子，这一点至关重要。懂得原谅的艺术，并使用它，从别人那里得到它；同时，自己也要给予别人谅解。我爸爸因为自己作为爸爸、作为丈夫的失职，而请求我和妈妈的谅解，这让我比以往更加爱他。那个瞬间对我们两个人来说都是一份珍贵的礼物。

原谅和参与

如果说什么事情可以阻止爸爸与孩子建立起良好的关系，那就是恐惧——害怕被拒绝，害怕自己没有价值，害怕冲突，害怕要求或给予原谅。但是英雄从不屈服于恐惧，你也不应该屈服。

男人们，记住这一点：每个女儿都希望她的爸爸更亲近她。这可以通过两种方式实现，要么她需要你陪她的时间多一些；要么她想要原谅你，或者被你原谅、治愈。你只需要帮助她，做一个具有强大引导能力的、起协助作用的英雄就可以了。

儿子们也是一样。事实上，与爸爸的疏远可能是儿子能感受到的最深切的伤害。男孩们需要爸爸，就像女儿们的需要一样，儿子们也需要和爸爸建立更好的亲子关系。

但孩子们期望你主动，你的儿子在等待你靠近他，等着你先说话，先问问题，或者先做出改变。你是一个坚强的人、一个强大的人、一个以身作则的人，无论在生命中的哪个阶段，你都必须采取主动。

一个卓越的爸爸会让这件事情变得简单——吸引孩子可以很简单，很有趣，也很直接。它可以是像周六早上一起出门跑步这样最基本的事情，你不需要成为教练，只需要在场就可以了。你不知道该跟你的女儿谈什么，别担心，可以跟她聊聊她的朋友、她的学校，或是她想把卧室的墙壁漆成什么颜色，任何事情都可以。

儿子们通常很少说话，因此你也不需要和他们谈话，只要和他们在一起就可以了——一起做事情（比如钓鱼），一起去某个地方（比如看一场冰球比赛），一起工作（比如做一个新的餐桌），或是分享一个爱好（比如组装航模）。你只要放下手机和其他电子设备，参与他们的生活就可以了。

许多爸爸不能成功地跟孩子相处，因为他们认为孩子们并不需要他们。不要这样想！没错，孩子不想听到爸爸大喊大叫、对他们进行羞辱或批评，不过有的爸爸会更好地控制自己的脾气，每个孩子都希望跟爸爸一起度过一段愉快的时光，哪怕只是安静地跟爸爸待在一起。

弗吉尼娅三岁的时候，她的父母离婚了。大部分时间她和妈妈一起住在长岛。每隔一周，她和姐妹们都会和爸爸一起过周末，他住得离她们不远。她喜欢跟爸爸一起度过的周末，尤其记得和爸爸在外面玩的情景。

弗吉尼娅的妈妈再婚了，生活发生了翻天覆地的变化。她的继父没有孩子，是一个严格的纪律执行者。这种类型的人一心想要树立自己的权威和自尊，总想压制孩子，而不去帮助他们。他们的家庭气氛非常不愉快，后来弗吉尼娅的大姐最终在大学期间搬去和她爸爸住了。

"和继父一起生活毁掉了我的自尊，"弗吉尼娅告诉我，"我从来没有做过任何正确的事情，就算我努力尝试，也得不到肯定，他仍然无情地批评我。"

我问弗吉尼娅，当继父对她和她的姐妹那么刻薄时，妈妈是如何回应的。"她试图为我们挺身而出，但她也想支持我的继父。她要么与我们发生争执，要么站在他那一边，想要保持婚姻的完整。"

女孩们仍然每隔一周去看望她们的爸爸一次。这有效地缓解了紧张的家庭气氛。"但当我十一岁的时候，一切都变了，"弗吉尼娅告诉我，"那一年，我爸爸决定去西弗吉尼亚州看望他的父母，他想让所有的女儿跟他一起去。我两个姐姐都不想去。我虽然想去，但害怕如果我去了，会让妈妈难过，所以，我告诉爸爸我也不去了。他感到极度失望，一个人出发了。"

我不得不催促弗吉尼娅接着讲。"他在旅途中给你打电话了吗？回来以后跟你谈过了吗？"

"没有，没有。"

"你的意思是，就因为十一岁的时候，没有和他一起去看望祖父母，你就不再去见爸爸了？"

"是的。"

弗吉尼娅的故事并不合情合理，但她告诉我，在接下来的十三年里，她从未见过爸爸，那个一直支持她和深爱她的爸爸，也没有跟他交谈过。跟继父生活在一个屋檐下的日子几乎让人无法忍受。与爸爸失去联系之后，弗吉尼娅失去的不仅仅是她的爸爸以及爸爸的爱，她失去了恢复自信的希望。

十三年来，弗吉尼娅一直没有她爸爸的任何消息：没有信件、电话或生日贺卡。多年后，她发现爸爸送给她十三岁生日的礼物——一本书，但由于继父的负面影响，她把这本书还给了爸爸。

后来，弗吉尼娅遇到了一件不同寻常的事：她的爸爸通过网络给她留了一条信息。"我不知道应该怎么说，"她说，"我二十四岁了，生活在另一个州，也有了全新的生活。我很兴奋、难过，也很紧张，但是我很开心他开始联系我了。

"我回复了爸爸的信息，我们又开始沟通了。但是两天后，我和朋友们一起徒步旅行时，出现癫痫症状——十分突然。我去看医生，医生发现我得了脑瘤。由于病情严重，他们决定在大约一个月后就安排手术。听说我病了，我爸爸跳上飞机，立刻赶来了。在我手术前、手术期间和手术后，他都一直和我在一起。

"我妈妈也来了，我们全家人都在一起。这很奇怪，但同时感觉很美妙。我记得我和两个姐姐、妈妈、我的爸爸一起坐在车里的情景，我很难过，因为觉得这才是生活应有的样子。"

弗吉尼娅的脑瘤痊愈了，并一直和她的爸爸保持密切的联系。"我们仍然很亲密。"她告诉我。

我问了她最关键的问题。"为什么你爸爸十三年都没有联系你？你问过他吗？"

"没有，我没有直接问，但我觉得我应该知道是什么原因。当我十一岁的时候，告诉他不想和他一起去度假，他感到被拒绝了。他觉得我不愿意和他在一起，于是，决定离开。如果他明白我有多么需要他该多好啊。我的自尊会变得更强，我需要他在生活中帮助我，每个女儿都需要爸爸。

很难准确地具体描述我想要的是什么，但是我需要他。这一点很明确。"

手术之后，弗吉尼娅和爸爸见面的机会多了，而爸爸说他很抱歉：很抱歉在她十几岁的时候，没有陪在她身边；很抱歉之前发生的误解。他们冰释前嫌了。弗吉尼娅结婚的时候，爸爸牵着她的手走向圣坛。

她告诉我："让他回到我身边，听他说很抱歉，重新建立联系是多么具有治愈作用。我可以诚实地说，因为爸爸回到了我身边，我现在才成为一个更强大的人。"

十三年的疏远、十三年的空虚、孤独和失落，全都是因为误会。不过，当弗吉尼娅的爸爸重新走进她的生活，即使他的女儿已经成年，这也戏剧性地改变了她的人生。他说出的"抱歉"抹去了弗吉尼娅多年的痛苦，并帮助她重建了自信。

根据我的经验，许多爸爸都和弗吉尼娅的爸爸一样，尽管他们很坚强，但他们对拒绝却是十分敏感的，也很容易受伤。当你想要拥抱十二岁的女儿，但她却把你推开，你会从这段关系中退缩；当你让八岁的儿子去看冰球比赛，但他却说想和妈妈待在家里，你就会从此放弃跟儿子一起观看体育比赛的念头；当你邀请十五岁的女儿一起看电影，而她的拒绝会让你觉得她已经长大了，不再需要你了。

孩子们做的许多事都会伤爸爸的心。无论你是一个出色的爸爸、一个疏远的爸爸，还是一个一年只见孩子几次面的爸爸，都会有许多瞬间让你深信，你的儿子或女儿真的不需要你。我倾听过成千上万孩子的心声，我可以明确地告诉你，你感受到的他们的拒绝，并不是针对你的，那只针对他们自己，以及他们尴尬又不容易表达的感受。从弗吉尼娅和她的爸爸身上学到的重要一课是：永远不要让遭到拒绝的感受阻止你前进，你要主动走进你的儿子或女儿的生活。

　　就像每一个英雄面对困难时一样，你需要深呼吸，然后继续前行，因为你的儿子或女儿比他们所表现的更需要你。你的坚忍和毅力必须发挥作用，你必须表达出原谅甚至道歉的意愿。

　　可能你现在并不觉得自己是个英雄。我总是听到爸爸们说，"呃，我知道我做得并不够好，但是……"

　　我总问爸爸们一个问题："为什么你觉得自己做得不够好？"有时候，他们会说自己不够耐心、不够专注、缺乏爱心，或者他们没有认真去倾听。无论什么原因，只要你有尝试的意愿，那些就都不重要。你不需要去做一个超级深情的英雄，不需要陪你孩子参加每一次足球赛，也不需要永远做一个忠实的倾听者。你当然会犯错，所有的爸爸都会，所有的英雄也都会。你的错误并不妨碍你成为孩子们眼中的英雄。

　　"往者不可谏，来者犹可追。"过去就是过去，真正重要的是你从现在开始做的事。你的儿子想要从你身上得到更多，你的女儿想要你的全部。而当你付出时，就能成功。你的孩子希望和你在一起，并且会回应你的主动参与。

盘点你面前的障碍

　　准确地描述一下，你为什么不能跟孩子建立起更亲密的关系。到底是什么阻碍了你，答案可能是性格冲突；可能是你的女儿让你想到了前妻；可能是你下班之后筋疲力尽，回到家心浮气躁，很容易发火。

　　无论障碍是什么，男人们都是实用主义者、清单制定者、问题解决者和执行者。所以，找出你的问题，并及时纠正它。我和爸爸们交谈时，发现只要他们希望面对问题的意愿大于退缩和试图回避的意愿，他们就能找到解决问题的方案。要改善你和你孩子之间不完美的关系，就需要花费心力、花费时间，但凭借毅力、谅解和主动，你和你孩子之间的关系会得到改善。伟大的爸爸与平庸的爸爸最大的区别就在于：伟大的爸爸们致力于消除阻挡他们与孩子建立良好关系的一切障碍。

坚持和原谅

你是爸爸，并不是孩子。你拥有的力量，足以扫清将你和孩子隔开的各种障碍；你拥有原谅的力量——原谅你自己没有控制脾气，原谅你自己说出伤害感情的话，或原谅你自己过去没有主动参与孩子的生活。

你的儿子或女儿需要你。如果你想要和孩子建立更好的联系，这里有一个简单的方法：当一天结束时，询问他们这一天过得怎么样。他们说了什么并不重要，即使他们只是说"很好"，然后就走开了，那也没关系。你在做出一种姿态，而你的孩子会把它记在心里。保持这一点，很有可能你的孩子不仅会开始向你敞开心扉，他们还非常期待每天结束时的对话。

在亲子关系中，如果你感到有压力或受到了伤害，请一定要坚持前进，不要放弃尝试。留出时间跟孩子独处，找出他们喜欢做的事情，并且陪他们一起完成。不要把孩子拉进你的爱好里，要参与他们喜爱的活动，分享他们的热忱（尽力去做，你不需要任何伪装）。

对于女儿们来说，重点是与她们交谈。对于爸爸们来说，你并不需要说很多话，只需要提出特定问题，专心倾听就可以了。可能和你想的正相反，十几岁的女孩真的喜欢和父母谈心，但是她们经常觉得父母不会提出有用的问题，或没有专心听她们的倾诉。我可以向你保证，如果你真诚地倾听你女儿的心声、她的忧虑或她的感受，她会说出来的。所以不要笼统地问"你今天在学校过得怎么样"，应该问她一些具体问题，比如："我知道你的教练不够理智，你在和她争执。她对你的球队到底怎么样？"

发现她的兴趣所在（朋友、竞技体育、衣服、音乐），并问她有关这些话题的问题。让谈话进行下去的一种方式是开车带她去某个地方，或带她一起去办事，这是开始一段对话的好时机。

通过活动，儿子们会跟爸爸变得更亲密。所以和他们建立联系的最佳方式是经常玩接球，看比赛。这些事似乎对你来说是微不足道、无足轻重的，但对你的儿子来说，可能会改变他的人生。

作为一个爸爸，对你来说，最重要的是回顾一下，在你五岁、十岁、十五岁或二十岁的时候，你希望你的爸爸做什么。现在你有了这样的机会，好好利用它。你内心的小男孩——每个男人心中都有一个小男孩——他会和你儿子一样喜欢这样做。

成为孩子的英雄虽然很简单，但其实并不容易。只要你充满生活的勇气，斗志昂扬地承担家庭赋予你的重担，保持永久的爱，亲切而智慧地和你的孩子说话就可以了。以你自己的爸爸为参照，无论好坏，把它们作为经验或教训来指引你的言行。成为英雄爸爸并不意味着每件事都做对，它意味着把重要的事情做对，而这需要努力和付出。如果你读了这本书，你就已经付出了。我希望这本书已经给了你一些有用的建议和方法，你要充分利用它们。游戏已经开始了，你，英雄的爸爸，现在必须回到球场上。我相信你一定能赢！

致 谢

我要向我的作品经纪人和朋友——香农·利顿表达深深的谢意！多年来，你一直是我的作品的拥护者，感谢你对我永远的支持。感谢安妮·曼恩，你和我一起审阅了每一本书的每一页，我无法表达我是多么感激你对我的爱。

我的编辑团队一直都非常出色。感谢哈利·克罗克——我的编辑，你是这个行业里最出色的；感谢玛丽亚·鲁尔，你的工作也是如此出色；感谢玛吉·罗斯，感谢你对莱格尼里出版社的出色领导，感谢你的友谊以及对我工作的信任，你是个出色的女人；感谢我的朋友鲍勃·德莫斯，没有你，这本书可能无法面世；感谢马克·布鲁姆菲尔德和艾丽莎·科尔多瓦，还有加里·特拉西塔，感谢你们为自己所代表的莱格尼里出版社的信念所做出的辛勤努力。

感谢格兰特·詹金斯和蕾切尔·平克顿的协助；感谢安德里亚·卢卡多，感谢你在写作技巧上对我的帮助。

最后，我要感谢那些激励我撰写这本书的伟大的爸爸们：戴夫·拉姆齐、戴夫·泰瑞、本杰明·沃森、布雷克·汤普森、杰里米·布雷兰、莱斯·帕罗特、亨利·克劳德、小迈克尔，以及在我的职业生涯中遇到的那些爸爸们，正是他们的呵护，才使得孩子们成长为最优秀的人。